营销关键

The Key of Global Marketing

凌志灏　著
李志聪　编

Billson International Ltd.

Published by
Billson International Ltd
27 Old Gloucester Street
London
WC1N 3AX
Tel:(852)95619525

Website:www.billson.cn
E-mail address:cs@billson.cn

First published 2025

Produced by Billson International Ltd
CDPF/01

ISBN 978-1-80377-128-1

The authors and publisher have made every attempt to ensure that the information contained in this book is complete, accurate and true at the time of printing. You are invited to provide feedback of any errors, omissions and suggestions for improvement.

Every attempt has been made to acknowledge copyright. However, should any infringement have occurred, the publisher invites copyright owners to contact the address below.

Hebei Zhongban Culture Development Co.,Ltd
Wanda Office Building B, 215 Jianhua South Street, Yuhua District, Shijiazhuang City, Hebei province, 2207

目录 /
Contents

改变你生意版图的一封信

自序

Chapter 3　指向型营销的构建策略　乐思营销方程式

Chapter 4　把销售带入 Marketing 开创智能指向

Chapter 5 掌握线上销售漏斗 打造属于你的全球营销神器

后语

改变你生意版图的一封信

亲爱的读者：

　　如果你是要把在中国的生意拓展至欧美地区，阅读这本书会是你最明智的决定。

　　正如你即将看到的这本书，它融合了我 10 年来在香港做国际营销和销售领域积累的宝贵经验。从科技初创公司到会计法律咨询行业，从金融保险到教育培训，从电子商务到专业咨询，甚至是医疗行业，我们的海外销售方程式在超过 138 个行业中都展现出惊人的效果。无论是 B2B 还是 B2C，无论是线上到线下，这套方法都能为企业带来显著的增长。而据我调查，在中国国内是没有出版过如此详细的，把海外营销从概念至做法都完全揭露的一本秘籍。

　　在我协助做市场咨询的 138 个不同行业当中，这些想法和策略在三年间已经为他们创造了超过数亿

元的收入。而在我自己的公司中，仅使用单一线上系统，在新冠

暴发的第一年，就创造了超过三千万人民币的营收，后来我们靠着这个方法，突破了亿元收入，并在 2022 年成为中国唯一一个市场推广代表到美国的国际峰会上获得千万美金奖项。

许多企业都是由专业人士或技术专家创立的，这些人都试图将自己的专业技能转化为一份事业。

以一位软件开发者为例。这位开发者可能在大型科技公司工作多年，积累了丰富的编程经验和技术知识。受到科技创业成功案例的启发，他决定开始自己的软件公司，开发一款创新的应用程序。

虽然他在编程方面技能出众，但他可能从未接受过如何经营成功企业的教育。他的专业培训和工作经验主要集中在技术层面，而非商业运营。

一位热爱烹饪的厨师决定开始自己的餐饮业务。虽然他在烹饪方面有着丰富的经验和技能，但他可能从未接受过如何经营成功企业的教育。他可能接受过专业的烹饪培训，但这些经历并没有为他提供经营企业所需的知识和技能。

然而，选择转变为一个企业主，这位厨师需要掌握的不仅仅是烹饪技巧。他需要学会如何经营企业，如何吸引和留住客户，以及如何在竞争激烈的市场中脱颖而出。在创业的过程中，他不仅要努力提升自己的烹饪水平，还要同时学习销售和营销技巧，以及应对创业带来的各种压力和挑战。

这就解释了为什么大部分厨师经营餐厅 20 年后，发现自己只是创造了一份辛苦的工作，而另一小部分厨师则能在 10 年内建立一个拥有多家分店的成功连锁企业。

关键的区别不在于食物的质量，而在于他们如何营销和销售这些食物。

一个优秀的会计师可能决定开设自己的会计师事务所。他可能认为自己出色的会计技能就足以成功，但实际上，当他成为企业主时，他的角色已经发生了根本性的变化。他不再仅仅是一个会计师，而是需要成为一个销售员，因为他需要有能力向潜在客户推销自己的服务和公司。在这种情况下，纯粹的会计技能可能只占成功因素的很小一部分。

这种情况在各行各业都很普遍。无论是会计师、设计师、医生、律师、建筑师、摄影师、健身教练、理财顾问……

我们的方法之所以如此强大，主要有四个核心原因：

第一，见效快。与传统广告不同，我们的系统可以在几周内准备就绪，立即产生可追踪的结果。

第二，成本低。许多成功使用这个系统的企业每年只需更换一次线上营销部署。

第三，历久不衰。这不是依赖黑客技术的噱头，而是一种已经在欧美市场奏效数十年的整合式策略。

第四，可扩展。从个体经营者到价值数十亿美元的公司，这个销售系统都适用。

然而，在我们开始之前，你需要理解一件事：这并不容易。它需要你付出努力去学习和不断做测试和。如果你认为这个方法可以令你一夜之间成为百万富翁，那么这本书并不适合你。这里没有灵丹妙药或捷径，只有经过实战检验的方法和策略。

如果你准备好全身心投入，在接下来的页面中，你将发现一个销售系统，它能为你带来可预测、可靠和持续的新客户流。

这本书不是一本故事书，而是一本实用的工具书，包含了我创造千万美金营销的所有做法及详细解释。你将学到创业心态、商业思维、销售技巧、市场推广方法、指向型架构以及实用的营销方程式。每一章都是我的真实心声及实战心得，让你认识更多欧美新兴的市场推广手法。

最后，我要感谢你给我这个机会向你证明自己。我相信这本书中的信息对你来说将价值连城。这是我回馈社会的方式，也是我希望帮助更多企业主实现梦想的方式。

敬祝商祺

凌志灏

自序

从劏房到千万美金：一个香港创业者的营销革命

"活着就是为了改变世界。"这句史蒂夫·乔布斯的名言，从少到大都一直刻在我的心里。那些疯狂到以为自己能够改变世界的人，才能真正改变世界。我坚信，人生只有一次，为什么不努力在这个世界上留下自己的足迹？

我的故事始于香港举世闻名的"劏房"。在那个只有 10 平方米的空间里，厕所、床铺、饭桌都挤在一起，我和妈妈相依为命。就是在这样的环境中，我萌生了改变命运的决心。为了能过上更好的生活，我从 20 岁就开始了我的创业之路……

创业十二年，我也经历过无数次挫折、难关、争取过无数次机会。因为，我从来都不想后悔，不愿意满足于平庸或安逸。我把这股信念投放到我的事业之上。自 19 岁因家境问题而从大学辍学后，我投身保险业界担任财务策划顾问，开始早 8 晚 1 的工作生涯。初出茅庐的我住在一间劏房里，即使我满怀壮志为自己订下销售目标，日以继夜陌生开发寻找新客户。那时候的我，空有理想，却无方法，做事时往往付出大量劳力，却取不到自己想要的成果，得到的……只有失望、气馁、心灰以及寂寞。寂寞？我为了在事业上实践理想，我的生活宛若一名苦行僧，每天为寻找客户而发愁，生活规律闷得像一池死水，周末看到朋友们、同事们下班后享受各种娱乐，我却独自一人埋头苦干，也不想作无谓的额外消费支出，远离社交活动，只是专心想创一番事业，真的很寂寞！可是，"苦行"得来的回报并不可观，我投身保险行业的头3个月，总共才只得400港元收入，皆因我未能找到属于自己的销售方向。"我这样牺牲时间，值得吗？"自我质疑的声音油然而生，心态难免动摇，身陷思想迷茫，这个噩梦至今仍像烙印般刻在我心。所以，我深明创业人士以及中小企业老板，往往被生意困得不可开交，失去应有的人生自由、时间自由、财务自由，沦为行尸走肉般的事业工具，为着毫不明朗的前路，步步惊心地踏前。

许多人强调把握机会的重要性，但我深信创造机会更为关键。毕竟，你永远无法预知哪个机会真正属于你。初入职场时，我一无所有——没有资金，没有背景，没有资源，也没有人脉。半年的苦干换来的却是接近于零的收入。身边的人都劝我放弃，但作为一个辍学来做销售的人，我怎能轻言放弃？

在那段艰难的日子里，我唯一能想到的方法就是通过阅读来提升自己。我渴望学习更多关于销售技巧、心态调整和应对拒绝的知识。然而，经济拮据的我连买书的钱都舍不得花——在香港，一本书至少要一百港币。于是，我每天只要有空就去书店"站着看书"。那时候还没有现在流行的咖啡书吧，只有普通的书店。我曾多次被店长询问是否购买，不买就不能继续看。

后来，我想出了一个办法：每当读完一本我认为有价值的书，我就会抄下作者的地址，回家给他们写一封自我介绍信。我给世界各地的作者写信——美国、英国、中国、新加坡，最少也有20封。最终，我收到了回音。一位来自马来西亚的销售培训作者回复了我，从此，我的销售水平有了质的飞跃，领悟出一套属于自己的销售方式。

20 岁时，我创立了个人保险团队，打破了业内的招募纪录。次年，我晋升为高级分区经理，成为公司内部最年轻的升任该职位的员工。同时，我带领团队创下了单月 500 万港元的业绩纪录，成为公司内部津津乐道的佳话。之后，我在保险业继续晋升，最终建立了一支近百人的团队。

投资自我：从销售到多元创业者

在保险业累积了资本、人脉、技巧之后，我向着更宽大的目标进发，所以决定跳出舒适圈自行创业。踏上未知的商业阶梯，每走一步都要承受难以预料的生意风险，当时我也少不免感到迷茫，深怕做生意时"一子错满盘皆落索"，而且不知道什么行业最适合自己发展，我必须先找到方向。我报读了许多经济学、商业学、成功学的大师课程，花费超过二百万港元的学费，跟随国内及国外著名营销大师学习，包括东尼．罗宾斯（Tony Robbins）、乔·吉拉德（Joe Girard）、罗伯特·清崎（Robert Toru Kiyosaki）、罗素．布朗森（Russell Brunson）等，突破了我以往的市场推广及营销认知，使我接触到欧美各地近年兴起的指向型营销策略；后来，我在北京大学念 EMBA 课程，同时我尝试活用网络优势在线上创业，享受到突破地域及时间限制，随时随地在网络达至成交的优势，当时我跟三个不同城市的合伙人，经营 4 门不同领域的网上生意，并同时担任香港 2 家上市公司的线上营销顾问，这段半工读的线上创业生涯，让我明了"节省时间成本"的重要性，不要盲目用劳力换取金钱，反而要善用自己的时间，将工作绩效扩至最大，用最少时间换取最多成果，也就是这段时期的知识增长，使我更透彻地悟出"懒"的奥义——偷懒不一定是负面的，亦可以是一种智慧的体现，其实愈懒的人，才愈有"生活智慧"，会想出愈多的法子，让复杂的事情变得简单，并且达到想要之效果。没错，将这种"懒"的奥义应用在工作之上，也许能进一步刺激人的工作效率吧！于是乎，将"懒"与工作结合的想法从此在我心里埋下了种子，等待着萌芽的契机。

以"懒"驾驭 Marketing，创造千万营收的秘密

10 年来的生意及销售历练荆棘满途，难关磨蚀不了我的心志，反而让我累积了大量的方法和经验，发现市场推广（Marketing）的商机与弊病，于是我萌生革新 Marketing 界别的念头，并将之与我对"懒"的启悟融合。就在 2020 年，新冠席卷全世界，让香港以及全球各地社会一度陷入停顿，封关封城不但影响了社会生态，同时令经济模式改变，线上营销及市场推广发展一日千里。就在 2020 年 1 月 27 日，那天是大年初三，我仍记得我在旺角遇上我的生意伙伴和战友，我向他们分享我所学得的指向型营销策略，善用线上销售来刺激企业生意增长。我的革新理念，是将 Marketing 与"懒人智慧"相结合，提供一种更加高效率、更加省时、更加省力的对此，我开始着手创立一家新的公司，这家公司将专注于提供最简单、最容易实现的市场策略，让更多的生意人受益。既然我的卖点是"懒"，我们把品牌命名为 LAZY Marketing，我们有自家结合中外生态的"指向型营销方程式"，是"做生意"、是"成交"、是"赚取收入"！如何达到这个"指向"？重点是，我们把 Marketing 和 Sales 紧紧结合，做好销售的步骤，直接用"Marketing"为客户创造真真正正的成交！把 Marketing 和 Sales

连为一体，这在香港的传统市场推广界别是独具一格的，我们相信只有这样，一家市场推广公司才能真正帮助客户实现商业上的成功。在新冠期间，当传统的外部销售渠道被切断时，我运用这套方法。仅仅使用单一线上系统，在一年的时间里，我创造了超过三千万人民币的营收。我的公司在短短三年间，总共创建了超过 600 个营销漏斗，其中 40 多个用于销售自己的产品，总营收突破一千万美金。而我们为客户创建的营销方案，也平均帮助他们实现了 300% 的在线营收增长，革新了他们对市场推广的认知，在市场上建立我们与众不同的风格。这些成就最终得到了国际认可，我们公司有幸代表香港参加美国的国际在线营销峰会荣获国际大奖。

因此，我会透过本书的文字告诉给你如何能够在国外做到合适海外线上用户需求的在线销售。本书并不是一本故事书，而是一本实用的工具书，包含了我创造千万美金营销的所有做法及详细解释。我们也为这本书所介绍的每一步行销方案，建立了属于中国人使用的海外营销系统——乐思人工智能系统。在你翻开细阅本书之下，你会学到创业心态、商业思维、销售技巧、市场推广方法、指向型架构以及实用的营销工具，每一章都是我的真实心声及实战心得，让你认识更多欧美新兴的市场推广手法。于我而言，所有东西都是为你自己而服务，任何事都不能取代你的大脑、你的思维，所以我会先由心态、思维的分享开始，之后我会讲解具体的市场推广手法和策略，以及如何运用高价值的实战工具，整体脉络就是：

第 1 部分——企业家思维的七块拼图

第 2 部分——销售方程式的全面解析

第 3 部分——指向型营销的构建策略

第 4 部分——全球化经营的核心工具

第 5 部分——外贸实战工具技巧攻略

好！就让我先说说近 10 年来我创业所得出的思维心法，一起踏入企业家的思考领域吧！

Chapter 1

如果你想成为亿万富翁，你需要像亿万富翁一样思考。这不仅仅是一个口号，而是一种生活方式和思维模式。

首先，让我们明确一点：我所说的"亿万富翁"指的是白手起家的亿万富翁。不是那些继承了大量财富、自己没有付出任何努力的人。我说的是像你我一样的人，他们起初几乎一无所有，必须靠工作谋生。

要像白手起家的亿万富翁一样思考，你必须首先了解他们在生活和商业中的选择。他们的收入来自哪里？他们把时间花在什么上？他们专注于哪些任务？简而言之，他们把自己投资在什么上？

作为一名多年从事市场营销的企业家，我一直在执着地研究这群独特的高成就者。我发现，他们的成功不仅仅依赖于策略和方法，更重要的是他们的心态。

每天早上起床的一刻，你在想什么？是否只是想着继续赖床，或是今天的穿着打扮？真正的成功者会首先思考他们的心态——今天应以什么心态去迎接可能会面对的挑战。

心态是根本。它影响着你的心情、判断力和脾气。如果心态不正确，就可能引发一系列的负面连锁反应，导致不断犯错。作为一名企业家，你的思维、胆识、方法都很重要，但都不及心态重要。心态一旦崩溃，就意味着全盘皆输。

在这本书中，我不仅会分享我多年积累的市场营销秘诀，更重要的是，我会首先讨论我认为最重要的心态。我希望这能帮助你建立属于自己的商业价值观。心态，是每个商人不可或缺的拼图块。善用每一块拼图，你终将能够构建出令人瞩目的商业蓝图。

接下来，我将为你揭示七个关键的心态拼图。你准备好一起拼凑属于你的成功蓝图了吗？让我们开始这段激动人心的旅程吧！

拼图 1/ 敢于决断 – 克服犹疑不定的习性

很多人之所以一事无成，归根结底是缺乏敢于决断的魄力，错失迈向成功之最佳时机。相反成大事者，在评估事情成功的可能性之前，已敢于拍板做重大决断，因此容易取得先机。当犹疑的回音一直萦回在脑海内，你的心态自然会被这股调子所缠，变成一种无形的"框框"。每个人的大脑当中都会有一些"框框"，这些"框框"常会在我们做任何决定前，无故地化成一把小声音跟自我对话，我们很容易根据这些对话作出相应决定。久而久之，这些对话融入我们整个人生之中，在不知不觉间塑造了我们的性格，引发出我们现有的人生结果。我会形容这个"框框"为——"限制性信念"。"限制性信念"俨如我们潜意识里的防卫机制，令人不通过思考、单凭直觉行事，导致预先做出相对应的回避。譬如很多人害怕蟑螂，大多是因为我们父母将对蟑螂的"信念"转移到我们脑海，所以当我们看见蟑螂时，就会作出跟父母相同的反应。但大家试想想，如果我们小时候是跟一大堆蟑螂长大，从来没有人跟你说过蟑螂是肮脏，你现在还会害怕蟑螂吗？由出生开始到现在，我们遇上所有的际遇，以及人、事、物，都为我们设定了无数的"枷锁"，而这个枷锁是我们看不见、触不到的。可怕的是，这个枷锁限制了我们的潜能以及无限的可能性，可是我们一直不自知。人们常说"贫穷会世袭"，其实应该改为"限制性信念会代代相传"。父母认为不可能达到的事情，往往从小就会如此教育小孩。当小孩长大以后，自己都不知道"限制性信念"的枷锁，价值观原来被一直无形地规范，因而被影响一辈子。

要消弭"限制性信念"，我们首先要坚信一点——这世上一切都不是真实的，所有东西都是演绎！比如你很想找到一位伴侣，却发现自己很难和别人建立亲密关系，你会怎么解释这件事情？如果你是一位男士，你可能会说："女人都喜欢有钱人，我又不是有钱人。"又或者你是一个女人，你便会说："世上所有男人都只喜欢漂亮年轻的女人，但我不是。"以上这些都是事实吗？世上每一个女人的伴侣都是有钱人吗？世上每一个男人的伴侣都是美女吗？当然不是！请你现在开始相信，你脑中所想的一切都是假的，只是你被"框框"不自觉地给框住了！这个框可怕的是，局限你变得更伟大、更厉害，同时令你不敢把自己的格局放大，对梦想及目标存在无数的自我对话，未真正做事，脑海里已有声音质疑自我。定好心态，突破"框框"，才能成就更强大的自我！

2020 年初，新冠暴发，许多企业陷入困境。作为一名创业者，我看到了一个潜在的机会 – 帮助传统企业转型做线上生意。但我内心也有很多疑虑：我真的有能力帮助这些企业吗？如果失败了，会不会损害我的声誉？我意识到，这些疑虑只是我脑海中的"限制性信念"，如果一直犹豫不决，我可能会错过这个绝佳的机会。因为我相信"想，是做不到的；做，就会做到你想不到的结果。"

于是，我果断地做出了决定——全力投入线上营销业务。我迅速组建了一个团队，开发了一套适合香港公司在海外推广业务的线上营销系统——LAZY Solution(乐思营销方程式)。虽然过程中遇到了不少挑战，但我坚持了下来。结果证明，这个决定是正确的。在接下来的三年里，我们帮助超过 400 家企业成功转型，创造了超过 1000 万美金的营收。这不仅帮助了许多企业渡过难关，也让我的公司在市场上站稳了脚跟。

　　回想起来，如果当初我被自己的疑虑所困，迟迟不敢行动，就不会达成这个结果。这个经历让我更加坚信，"敢于决断"对于成功的重要性。它不仅帮助我抓住了机遇，也让我突破了自己的限制，实现了更大的成长。

于 2022 年 9 月，成为中国唯一一到美国市场营销峰会的市场推广公司，获颁发营业额达 1000 万美金的 Two Comma Club X 奖牌

拼图 2/ 挑战弱点 – 彻底改变自己的缺陷

学习知识之外，心态的调整更加重要，特别是学习改善自己的弱点。能成大事者，总是善于针对自己的弱点作出纠正；不能成大事者，却只是固守自己的弱点，一个连自己缺陷都不能纠正的人，只会在营商路上失败。那还有什么会窒碍我们成功呢？我认为令大多人停滞不前的，就是恐惧。

恐惧让我们错失无数机会，最强烈的恐惧，就是对于未知的恐惧，皆因我们不知道踏出下一步后，会面对什么结果，或者会失去什么。这种没有答案的恐惧感，经常令我们故步自封。很多人都希望创业，但又不知道创业后会否有稳定收入，没有稳定收入就不能供养父母家人。正是这种未知的恐惧感作祟，所以大多数人都选择去当"朝 9 晚 6"的上班族，每个月领一份人工就算了。能够抗衡恐惧的，是你热切的渴望。当我们大脑中响起"很害怕"的讯号时，唯一能转移的就是"很想！很渴望！"当我们的焦点集中着很害怕的事物，我们只会噤若寒蝉；可是当焦点是看着很渴望的成果时，自然能够勇敢地踏出第一步！

我开办过各种市场营销的教学，同时我也着力于协助学员改善他们的心态。在课堂中，我经常会挑选一个学员玩一个两分钟小游戏，首先邀请他在 30 秒时间内找出房间中蓝色的物件，然后他便会周围搜索。30 秒过后，我要求他闭上眼睛，然后指出绿色的物件，基本上他是一定指不出来的，即使有时他本身就是穿着绿色的衣服，又或者他站着的地毯就是绿色，但他就是指不出来，因为他将整个人的焦点放在蓝色物件，所以在他身边的其他东西他都不会察觉。同时间，很多人把焦点很自然地投放在恐惧之中，甚至把这个恐惧放大！到最后就得出了一事无成、原地踏步的结果，但把焦点集中在所渴望的，自然就可以产生成就。

我在 24 岁时参加世界第一激励导师安东尼·罗宾（Tony Robbins）的走火大会 (Unleash The Power Within)，在大会中，他说出心理学家归纳总结人类的三大恐惧：

（Ⅰ）怕火（Ⅱ）怕高（Ⅲ）怕上台演讲

我早已经克服上台演讲的恐惧，而在走火大会面对过对火的恐惧后，我整个人的状态达到了巅峰，所以我迫不及待挑战高空！我从小到大都畏高，每次站在高楼大厦上都会双脚发抖，所以我从不会玩过山车、跳楼机等机动游戏。我知道，我一定要逼自己与恐惧同行，才能突破自己极限！故此我飞到澳洲参加高空跳伞！在签下"生死承诺书"的一刻，恐惧感侵略了我全身，接下来坐上那台十分破旧的飞机，整个人是完全没有安全感，心中害怕得要像要哭出来似的。飞机爬升到高空一万呎后，我感觉心脏都快要停止了，当时我曾想大喊放弃！但当教练在一万六千呎高空把我丢下去的一刻，整个感觉截然不同了！美丽的风景收入眼内，清爽的凉风令我十分舒畅！这次的体验令我体会极深：我花了几个小时去恐惧，但跳下去后竟是这么美好！那几个小时的恐惧……，值得吗？经过跳伞体验，我明白了恐惧只是人们对于未知的逃避讯号，自勇敢跳下这次跳伞后，等待着我们的，原来是更美满的人生！

　　如果现在大脑只能装着一件事，那一定会是渴望、目标、梦想。这样便会每天充满动力，不会把光阴白白浪费！正视自己的弱点，克服未知的恐惧，做成迈向成功自然更进一步。

拼图 3/ 突破困境 – 从失败中攫取成功的资本

1963 年 8 月 28 日，马丁·路德·金（Martin Luther King Jr.）在美国华盛顿林肯纪念堂发表一场闻名于世的演讲："I have a dream（我有一个梦想）"。这位黑人民权领袖当时带领着百多万名群众，发起了黑人平权运动。由他钢铁般的立场所引起的涟漪效应，到了他死后的四十年后依然有波澜，美国诞生了史上第一位黑人总统。作为最顶尖的领导者，拥有钢铁立场是不可或缺的！首先要明白的是，什么是"立场"呢？

于我而言，"立场"的定义是："追求与现实环境不相符的理想"。

譬如马丁·路德·金在 1960 年代面对社会环境，是自美国立国以来，黑人一直处于饱受歧视的境况，他的理想是所有人种能够平等而处，这个就是"立场"了。作为领袖，请想象一下，一旦团队的现实环境是松散无序的、各自为政的，领导者的理想必然是创造一个团结环境，而这个朝着理想追求的出发点，就是"立场"了！每一个成功的企业家都坚持他们的"立场"，直至理想达到为止。拥有钢铁般的"立场"，即使面对任何对其"立场"的挑战或否定，都要愈挫愈强，这样才可百炼成钢。

"立场"必须坚定不移，绝对不能左摇右摆，因为他做的每个决定都举足轻重，决策朝令夕改只会令下属无所适从。出色的领袖为了实现"立场"，要有达成目标的方法，要是只有"立场"而不能实行，那和空想没有分别。钢铁立场不是一意孤行，而是一股持之以恒的推动力。坚定不移也是指标的一种，反映出领袖的信心。意志不够坚定，即代表一个领袖对自己的能力缺乏信心，如果是这样，他就没有可能带领团队跑到理想的终点线。注意的是，拥有钢铁立场踢愈挫愈强的决心，也不代表像一只蛮牛般闭上双眼胡乱向前冲。有时候，适当地鸣金收兵并不可耻。基于结果指向的"立场"，能够运用现有的情报，正确地判断下一步该怎么行动，以最低限度的成本换取最多利益，才是一位成功的领导者该有的判断力。

我的经历正是印证了钢铁立场的重要性。在我 30 岁生日那天，我遭遇了一场突如其来的网络暴力事件。作为香港营销行业的佼佼者，我的线上广告在 2020-2023 年间几乎无处不在。这不仅为我带来了丰厚的营收，也让我声名鹊起。然而，正如马丁·路德·金所面对的挑战一样，我引入的指向型营销及乐思方程式触动了许多同行的利益，引发了一场风暴。

当时我公司在短时间内急速扩张，团队规模超过 40 人，客户数量突破 400 名。每月需要同时处理约 50 名客户的营销需求，人手明显不足，所以也出现了三名客户不满并投诉的情况。在处理该三宗投诉时，一个名为"LAZY Marketing 骗子群组"的 Facebook 群组突然出现，里面充斥着虚假指控，甚至有人声称被我诈骗了 400 万！

在我一头雾水之间，香港有其中一份报章在没有跟我查证下就报道了这件事！因为我本身是网络红人，并且也是在香港的三大电台之一担任主持人，所以便来蹭热度！短短两日时间该群组出现了大量不相关的吃瓜群众，并有些假账户贴上我员工的家人照片，对我们的身心受到很大影响！同时间，在那两个月在谈的准客户也全部联络不到。但我坚定地面对这件事，我马上召开记者招待会，在中午 12 时通知各记者，在晚上 8 时，香港所有网媒及纸媒的记者便马上来到我的办公室，记者接近 40 人！首先，我很感谢香港记者的赏面，因为不是任何人说召开记者招待会，也会有记者来的，而我只是发出一个通知，短短 8 小时香港所有传媒也都派人来访。

在面对 40 个闪烁的闪光灯时，我内心确实感到恐惧。但我深知，必须有强大的心态来面对这些子虚乌有的指责。正如文中所言，"意志不够坚定，即代表一个领袖对自己的能力缺乏信心，如果是这样，他就没有可能带领团队跑到理想的终点线。"我清楚地阐明了整个事件的真相，澄清了那些毫无根据的指控。这不仅体现了我对自己立场的坚持，也展现了我作为领导者的责任感。我的行动印证了"钢铁立场不是一意孤行，而是一股持之以恒的推动力"这一观点。

这次经历让我深刻理解到，"立场"不仅仅是一种理想，更是一种面对挑战时的态度。它要求我们在逆境中保持清醒，在压力下做出正确决策。正如文中所说，"基于结果指向的'立场'，能够运用现有的情报，正确地判断下一步该怎么行动，以最低限度的成本换取最多利益，才是一位成功的领导者该有的判断力。"这次经历虽然艰难，但它磨炼了我的意志，强化了我的立场。我将继续坚持自己的理想，带领团队向前迈进。因为我深信，只有拥有钢铁般的立场，才能在商业的风浪中站稳脚跟，实现自己的梦想。正如马丁·路德·金的梦想最终改变了美国，我也相信，只要坚持自己的立场，我们终将突破困境，从失败中汲取成功的资本。

文匯報

凌志灝開記招否認騙財 林作稱遭斷章取義

香港文匯報 綜網　2023-07-04

◆凌志灝偕代表律師及林作召開記者會澄清事件。

香港文匯報訊（記者 梁馨儀）新城電台DJ凌志灝（Edmond Ling）就近日網民發起「lazy marketing苦主群」，指曾被他騙取400萬元，以及疑公司盜用瘦生堂的MIRROR廣告以作其公司作品，更聲稱有林作認證其公司首騙財一事，前晚於尖沙咀的公司召開記者會澄清事件，同場還有其代表律師及林作。

記者會開始時Edmond先向受今次事件影響的人及單位道歉，並指事件起因是有人利用一宗已經和解及作出賠償事件炒作抹黑，但鑒於其家人、員工及他們的家人均被起底及遭網上欺凌，感到人身安全受威脅，故決定召開記者會澄清事件，之後會前往報案。

Edmond解釋事緣一個舊員工以外判身份拍攝瘦生堂廣告後，該將相片放在公司網站，一星期後收到廣告公司律師信時，他已即時應要求將照片下架，致歉及作賠償和解，事件亦已在今年年初完結，不過到六月竟有人借事件來作出網上欺凌，並出現大量假網片作出嚴重抹黑，事件令他的公司損失了七位數字生意外，亦影響他到在新城電台及其DJ工作，他說：「我已於上周五向新城電台辭職，已即時離職。」

至於幕後黑手，他估計是競爭對手，但強調自己用正當手法做生意，亦沒有騙財400萬元。他說：「整件事中令我最憤怒同痛恨的就係身邊人受影響，所謂「禍不及妻兒」，呼籲離後黑手停止不法事情，自己亦會保取法律行動，因已涉及起底，請勿再誠實使用電腦。」被牽涉入事件中的林作就解釋當日是應網友查詢是否與凌志灝公司合作，他當日已回覆自己沒有與對方合作，但朋友試過被另一間公司欺騙逾十萬，結果被他斷章取義。

香港多间媒体报道关于我被网络攻击的事件，并发布事实澄清。

拼图 4/ 抓住机遇 – 善于创造、发挥强项

　　我有时会打趣说，想了解把握机会的重要性，不妨看一场高水平、张力强的足球赛事，两支球队战术部署得宜，双方一直僵持不下，攻门寥寥可数，若要分出胜负，往往就是两队球员能否把握仅有的破网机会，将其化成入球。一个射手如果错失黄金入球机会，随时埋下球队落败的伏线。足球如人生，看到比赛形势即瞬息万变，只要有一刻松懈，可能对大局有举足轻重之影响。

　　你的人生，也好像一场比赛一样，因为你准备不足、犹疑不决、不敢突破，即使天降良机，你也会让其白白流逝。相反，只要你做随时做好把握机会的准备，即使是身陷困境，你也可以"化腐朽为神奇"，为自己创造无限可能。历史上出现过无数次危机，单以香港近 30 年，1997 的金融风暴、2003 年的 SARS、2008 年金融海啸、2020 年的疫情，都重创了社会及经济发展。然而有危也有机，不少人损失巨额财富，但亦有人积玉堆金，我自己也是把握着 2020 年的时势，把事业重心放到网上，配合我本身学得的指向型营销策略，成功创立香港唯一一家指向型 Marketing 公司。特别是我们现在身处"后口罩时代"，与其怨天尤人担心三餐不继，倒不如在逆境之中找寻机会，为自己创造未知的未来。

　　创造机会的人是勇者，等待机会的人是愚者。不要等待机会，而要创造机会，即使别人不肯给你机会，自己也要给自己机会，甚至要想办法替自己创造机会。机会不来敲门，那么就想办法替自己打开一扇门，若只是坐在原地等待机会来临，那么你很可能

永远等不到，任何机会总是要想办法争取才有，只要肯努力并用心观察生活周遭，你便会发觉机会是无所不在的。人要创造自己的价值，创造价值来自不断"行动"，不断行动，就是不断创造价值，多点提醒自己："不要犹疑，马上做！"我们每一个选择，都是在创造属于我们自己的丰富人生。

当机会来临一刻，你要放手一搏，将你最擅长的事变为专业。近年在海外的网上不时会有人提倡"知识变现"，这并非单纯的噱头，而是值得所有生意人留意，因为当你把最擅长的知识、技能、手艺变成一门生意，运用你多年来累积的经验，自然就能够提供更优质的商品和服务大众。举个例，一个擅长调制鸡尾酒的调酒师，如果他把自己的强项开班授徒化成一门生意，他可以一边当自己擅长的知识和技能传授给他的学生，同时一边为自己赚取收入，再运用得来的金钱去外国学艺也好、添置更好的调酒器材也好，将他擅长的知识和才能深化，未来可以调制更优质的鸡尾酒。相反，若强逼他开班教人冲咖啡，这就如同张冠李戴，无法提供更优质的商品和服务大众，并且白白浪费了"知识变现"的机会。故此，一旦机会就在眼前，最好把你的长处尽情发挥，若你只是把你不擅长的技能运用在你所取得的机会之上，可能我不到你想的成果与回报，不但白费了精神、时间、心机，也徒然浪费了机会。

无论做生意、创业甚或普通职场上，为自己做更多准备，积累更多的知识和技能，发挥个人长处，无时无刻为自己创造更多机会，这样做事才更得心应手。以我来说，2020 年把握着口罩契机，顺应网上生意潮流创立 LAZY Marketing，运用自己所学得的指向型营销策略，配合个人近 10 年的销售及商业经验，种种因素配合之下，将自身擅长的销售技巧与市场推广结合，使我投身 Marketing 行业时更易克服不同难关，并且更容易为不同行业的老板创造生意盈利，现时率领公司在 Marketing 界别创出一番成绩，甚至强大得被整个行业攻击。这些结果都并非偶然，是我多年来累积知识和经验，配合我心态上勇于争取机会，再遇上时代机遇才得以形成。

于 2022 年因在市场推广界别的贡献下，获提名及颁发香港全球华人杰出青年大奖，并得到香港商报专访

拼图 5/ 调整心态 – 切忌让情绪伤害自己

做营销时，你是否一个目标为本的人？这跟时间管理的能力成正比。时间管理的目的是有效的达成目标，所以假设一开始目标没有设定好，计划没有详细拟定，时间管理的效率已经不理想了。

我相信时间管理的秘诀有 3 个：

Ⅰ / 无时无刻做有生产力的事

世界顶尖推销大师汤姆．霍普金斯（Tom Hopkins）是连续八年全美房地产第一名销售人员，他说过："你必须每一分每一秒都做最有生产力的事情。"所以我每次制定了一个目标后，我都会把它拆分，以月、周、日作为单位，定量检测，推动自己做事。

Ⅱ / 有效运用时间比金钱重要

看书、看影片、进修、上课、聘请专业顾问……用你的金钱去换取别人成功的经验，省却了自己盲目摸索的步骤，避免白费金钱、时间和精力。

Ⅲ / 处理事情要采取有效行动

事情可分为紧急的事情与重要的事情，到底应该先处理哪件事情？当然第一个要做的一定是紧急又重要的事情。通常这些都是一些困扰、一些灾难、一些迫不及待要解决的问题。当你天天处理这些事情的时候，表示你的时间管理并不是那么的理想。成功者花最多的时间在做最重要、可是不紧急的事情，因为你现在取得的结果，可能是在于你半年前的行动。

　　当我们时间管理的能力愈好，目标管理的能力也会愈好，但千万不要忽略一项不稳定因素——情绪。情绪对我们人生结果影响极大，我们的情绪甚至决定了我们人生的个性、生活品质，工作状态以及伴侣。而这么重要的情绪，主导它的究竟是什么呢？对的，就是我一而再、再而三提到的——梦想和目标，尤其是目标可有效地协助我们管理情绪及心态。没有目标和梦想的人，内心就如一盏明灯都没有的小屋子，充满着黑暗，所以唯一能够思考的都只是无力、无助、恐惧、担忧。可是，当这个小屋子突然在漆黑之中亮起了一点光明，我们就会自然向着那光亮的方向迈进！这个光明就是梦想、就是人生的目标和方向！

　　有了目标和方向，我们仍然会有情绪，但当心中再次想象着完成目标后的画面，默念着做这目标背后的理由，我们就可以快速处理情绪，以目标管理心态，继续往前走。成功的人不是没有失败，甚至失败得比平常人更多，只是成功的人能够快速地度过情绪低落的日子。另外会阻碍正面情绪的挑战，就是环境。正面环境创造正面情绪，相反亦然，多跟一些保持正面的人交往，或到一些充满正面语句的地方去。

　　在网暴事件后，我大有道理可以情绪低落，但我看到的是，我要去打更大的市场，不要因为小小的七百万人市场而困住自己，所以我决定要把我的指向型营销方式带入中国市场，把我的乐思方程式继续研发，成为适合中国企业家突破文化、语言、边界的海外营销系统，让中国人赚海外的钱！在我把这个想法确认后，好事就接踵而来，随着港珠澳大桥开放"港车北上"，我便得到了跟广东省政府交流的机会，更与珠海市市长、香洲区区长详细讲解我对市场营销的想法，最终跟政府方正式举行落地签约会议，在中国大力发展我的营销方程式，更得到内地传媒的报道。

这一切，都要归功于我没有让负面情绪占据我的内心，而是选择将目标和梦想视为指引我的明灯。网暴事件固然对我造成冲击，但它也让我更加坚定地要走出香港，走向更广阔的舞台。中国十四亿人口的市场，充满着无限的机遇和挑战，这正是我梦寐以求的舞台。我深信，我能够帮助中国企业家们更好地开拓海外市场，打破地域和文化的限制，让中国品牌走向世界。

环境很重要，负面的人你要远离他，负面的环境你要远走，久而久之，你的情绪自然能够掌握在你自己的手中，对你做生意百利而无一害。

珠海市香洲区人民政府与我们中国内地分公司广东万领人工智能
签署战略合作协议

拼图 6/ 善于交际－用对资源、站得更高

做生意时，除了保持对自己有利的心态，也需将实用的技巧融会贯通，化成自己一套"做人哲学"，以自己的学问和言行举止感染他人，让其他人被你的价值观说服，自然让你站上更高的位置。

前英国首相丘吉尔（Sir Winston Leonard Spencer Churchill）出生于没落的公爵家族，相传他从年轻时已不断主动参与各类名人社交宴会，透过与不同上流人士交谈练成一流口才。后来，他在一次名流派对上结识了维奥莱特（Violet Bonham Carter），两人之后越发投契成为深交，恰巧维奥莱特的父亲是准备出任新一届英国首相的赫伯特. 阿斯奎斯（Herbert Henry Asquith）。得到维奥莱特引荐，丘吉尔有机会在阿斯奎斯面前展现才干，后者就任新首相后，委任丘吉尔为商务大臣。自此，丘吉尔进入了英国政府权力核心，之后平步青云，1940 年更登上国家首相一职。

丘吉尔的故事，正好说明做好交际的重要性，一旦你懂得长袖善舞，机会也会随之而来。做生意者亦应如是，多点把握交际机会，不但可以扩阔人脉，亦可借机会向不同界别的人扩充自己影响力。运用恰当的交际手腕及语言技巧，能够让其他人加深对你的认识，能够影响他人信服于你的主张、你的见解、你的理念，你销售产品或服务时自然事半功倍。

销售的用途，除了做生意，也是把你自己个人的特质介绍给客户，俨如把自己塑造成个人品牌，让不同人士对你留下深刻印

象。当有人赏识你时，自然对你的品牌、产品、服务更有信心，你就可以借助人际关系为自己创造更有利的生意条件，把一件件难办的事逐步办好。

做生意的人，多少要懂得"借"的力量，"借"并不可耻，它反而可能是解决难关的好方法，譬如"借"钱可以增加公司现金流，外判工序也像是向其他公司"借"用人力资源，"借"助不同类型的人脉，即是为自己争取更多生意机会。埋头苦干本属好事，但太盲目埋头苦干，对老板却可能有反效果。作为生意人，多点向外拓展人脉，能为公司争取更多发展机会，甚至可能在交际场合物色到适合自身业务发展的人才。做好交际定位，借助人际关系，善用外界资源，就能让自己做生意时站高一格。

当然，保持源动力亦十分重要，故此你要作出明确的规划。人的本质都惯于拖延，明日复明日已成我们的口头禅，制定明确的目标和计划，会是你往后行动的动机，并激发起自身的行动力。终极目标得一个，计划则可分为长期、中期及短期，当然三者之间要相关。我们可以先定一个一个月内要完成的短期计划，达至"小目标小赢"，达成后去庆祝一下，为自己不断创造赢的体验，再继续充满动力的向下一个计划前进。

须知道，目标好像一种指向，需要清晰的方法执行。我曾经收到 Google 的邀请，成为他们一个重要活动的演讲嘉宾。这对我来说是一个巨大的机会，但同时也是一个挑战。我为自己设定了一个目标：在这次演讲中给听众留下深刻印象，借此机会扩展我的专业网络。

为了达到这个目标，我制定了一个详细的计划。首先，我花了几周的时间深入研究相关主题，确保我能够提供独特而有价值的见解。其次，我每天都花时间练习演讲，不断完善我的表达方式和肢体语言。我还模拟了可能遇到的问题，准备了相应的回答。

最后，我制定了一个在活动中建立联系的策略，包括准备了一些有趣的话题和问题，以便在演讲前后与其他参与者进行交流。通过执行这个计划，我不仅成功地完成了演讲，还结识了许多业内的重要人士，为我日后的事业发展打下了基础。

这次成功的经历不仅让我获得了宝贵的经验，还为我带来了更多机会。不久之后，我又收到了 Facebook 的邀请，这次是我参加他们在美国总部的一个高层次研讨会！这次邀请无疑是对我专业能力的进一步认可，也是我之前努力的回报。

面对这个新的机会，我再次制定了详细的计划。我深入研究了 Facebook 的企业文化和最新技术趋势，准备了一些有见地的问题和观点。我还特意关注了参会者名单，为可能的交流做好准备。在研讨会上，我不仅分享了自己的见解，还积极参与讨论，与 Facebook 的高管和其他行业领袖建立了联系。

当你能够一步一步实践你的计划，你的源动力就会越来越大。每一次成功都会带来新的机会，而这些机会又会推动你设定更高的目标。倘若认识愈多人可使你有满足感，那么不妨为自己制定不同社交计划，让自己认识更多不同层面的朋友，同时可令自己更有源动力做事。

受 Google 邀请，作为香港代表出席市场推广研讨会并发表演讲。

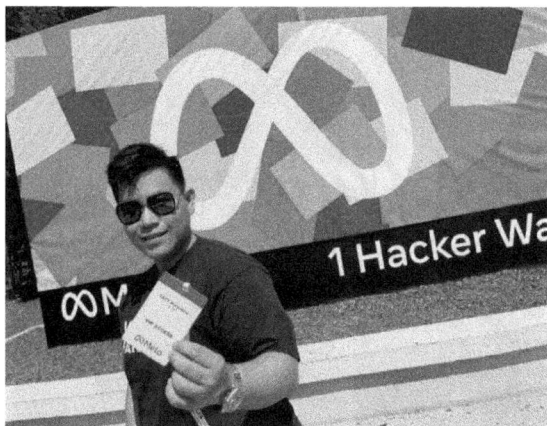

受邀前往美国 Facebook（Meta）总部，参加国际市场营销峰会。

拼图 7/ 立即行动 – 敢于销售创造贡献

为自己创造源动力，不只是心态上愈练愈强，更重要的是你要敢于 Take Action！只有空想，没有行动，一切只是白活，倒不如一气呵成放手做，体验真正"做出来"的结果，这样才是取得成功的不二法门。如果丘吉尔不是敢于行动，四处结交朋友，相反只待在家中什么都不做，那么他就不会在青史上留名。

"如果行动失败了？怎么办？可能会有极坏的结果，对你的生意有致命影响"，曾有下属这样问我。我立即回答道："如果我是因为怕结果而不敢采取行动，我就会被限制性信念影响，越来越保守、越来越封闭自己，到头来你的生意无法越做越大。理财也是如此，你不行动，就不会有回报！无错，结果可能好坏，但同时也可能会很好的！你一天不做，一天就不会进步，这绝非一个有为的企业家精神，年轻的你更不应害怕行动！"

如何令自己越来越勇敢去行动呢？我推荐一个上佳方法——做销售！

销售是以目标为本，为了达到目标，你必须采取有可能采取的行动，逼自己不断创新、不断学习、不断研究，达成你最想要的销售目标。任何成功，都是销售的成功，不论是政治、文化、教育、科技、理财、艺术或发明，这个世界上各行各业所有最有成就的人，他们的成就都来自销售的基本功。你有一个妙绝的点子，但如果你不能销售开去，让很多人去了解你的点子，那就只是空想，对社会毫无贡献可言。《富爸爸. 穷爸爸》作者罗伯特 ·

清崎（Robert Toru Kiyosaki）在他的每一堂课也必定会强调这一句话："销售等于收入！基本上这世界上所有的收入开端，都是来自销售。"可能你会以为，你是后勤工作或者是技术人员，与"销售"是两码事。请你想想，公司当初决定聘用你，就是你在面试中成功把自己推销出去！我们人生每时每分每刻都在销售，销售不只是代表卖产品，我们自己也是一件产品，我们脑中的梦想也是一件产品，我们的创业大计也是一件产品。一个政治家，如果不把自己的政治主张好好销售给选民，没有人认可就没有选票，最终他就无法登上相关的权位来实践抱负。请各位明白要学会销售的重要性，请不要再讨厌销售，要成为一个伟大的人物，第一步就是要把销售能力锻炼得炉火纯青。

要成功的第一步，就是把你自己推销给你自己。如果当自己都不接受自己的观念，自己对自己没有自信时，别人又怎么会相信你说的每一句话呢？所以，这刻请你先自我对话，问一问自己内心，如果你是别人，你会如何看待你自己？你会不会相信自己说的每一句话？你是有诚信的吗？你有什么地方不足呢？你相信自己会成功吗？请你把自己当作成顾客，然后把自己推销给自己一次吧！

第二步，是把"推销"推销给你自己。什么意思呢？事实上，主流社会总是存在着一个奇怪的思想，就是对推销员很害怕甚至很反感。大多数人害怕销售及拒绝销量，但请想一想，如果这世界上没有推销员，这个世界会变成怎样呢？恐怕世界还停留在远古年代，大家没有了智能电话、电脑甚至所有家居用品都没有了！所以请你深信，销售是天经地义的，销售是令到世界更美好的，销售是贡献社会的。任何人都是推销员，当你能说服自己就是一名伟大的销售员时，你就自然踏上成功的路上了。

做生意正是这种道理，作为一名企业家、创业者、专业人士，你不把你的产品 / 服务 / 知识好好推销出去，没有人认识你，你就不会在社会上引起波澜，最终你的生意就会不断亏本，被社会的竞争洪流淘汰。我在闯入 Marketing 界别的时候，我不想被淘汰，所以我坚持以上的 7 块心态拼图，让自己就好像钢铁一般，不会轻易被外界击倒。由心态主导行动、由行动创造回报、由回报创造贡献。

要将你的生意越做越大，基本功是你的心态，之后你必须 Take Action，马上行动！勇敢地闯入市场，与对手展开竞争，以最高效率的方法来推销产品，抢占市场淘汰对手，你的生意就可以杠杆倍大！问题来了，以上道理很多企业家都懂，但为什么依然有很多很多人做生意时灰头土脸，每日为收入而感到忧愁呢？

谨记，你一定要做好销售，否则你的生意只会越做越差！

如何做好？接着下来的销售方程式，或许正是你一直寻求的答案

Chapter 2

做好销售不能错过这条方程式

世界上真有不败的做生意方程式吗？有的，不是外界想象得那么深不可测的。看到这里，请你用 10 秒时间想一想，当你这个月的生意额赚到 2000 万，你下一步要做什么？

好的，想象完了，不清楚怎样做并不重要，但你要知道，懂得为自己建立"成功的画面"是很重要的。你想成为富豪，你就要代入富豪的想象；你想你的生意能够越做越大，你就想象你成功的画面，那亦是你想追求的东西！想象完毕，要如何达成？不用你自己胡乱尝试，我会将我 10 年以来的生意心得，通通告诉给你的。就像我在上一章提及的，你一定要做好销售，否则你的生意只会越做越差！以下我就会将你生意越做越好的销售方程式告诉给你，这是市场上少有公开的秘密，只留给看到我这本书的你：

卖自己：SV=C（E+R+FF）

把这条方程式记进脑海，它能助你的销售业绩越变越好

为什么你不能错过这条方程式？

做生意、追业绩、初创业也好，你的首要责任就是销售。没错，是"责任"来的。销售不是副业，它不是你可以外判出去的工作，它是所有企业最重要的工作。

可能你有一项市场独家的产品，或者你提供的服务质素极高，但这些都不是最关键的要素，它们不会决定你盘生意的生死，但销售会！你的生意能否保持下去，取决于你的销售和营销能够产生多少收入。你的生意要成功，不是建基于你的动机、你的团队、你的激情……只有收入越来越多，你的公司才会越来越成功。如果你有一台犹如人工智能般的自动销售机器，日复日为你带来多不胜数的新客户，你的生意模式就算有缺憾，但依然可以越做越大。相反，倘若你的公司每日营收都是未知之数，每个月业绩难以预测，不只你，连你的员工也会感到无助，士气越来越低落。你公司的命运、你的收入、你家庭的收入、你员工和他们家庭的收入，都取决于你的销售！你可以选择无视这一事实，并告诉自己"一切都会好起来的"，看看三个月后的业绩如何。又或者你可以作出更佳选择，无谓浪费三个月时间，倒不如用这90天为自己建立适当的销售方程式。

现在，请戴上一副新的眼镜去看销售。在展开销售之前，你可从以下4个角度去思考：

Ⅰ你的目标客户群？

没有任何一种产品或服务是所有人都适用的，不要被贪心蒙蔽了你，仔细想想谁人是你最想推销的对象。

Ⅱ用什么渠道找到目标客户群？

你有或没有实体业务都好，思考一下哪种渠道较容易接触目标客户群，现在你使用的渠道又遇到什么困难。

Ⅲ应该用哪种 Hook（诱饵）来吸引他们？

面对目标客户群，究竟什么能勾起他们的兴趣和消费欲呢？选定你的 Hook（诱饵），把目标客户群紧紧抓住。

Ⅳ你希望他们达到什么结果

假设目标客户群愿意消费成交，你要如何满足他们的需要、解决什么痛点？能够为他们提供怎样的价值？

当你好好思考这 4 点之后，你就会发现，销售的内核其实相当丰富，你要从市场角度、客户角度、公司角度、个人角度去判断你的销售策略，才能命中你的目标客户群。生动一点说，"你卖的东西"在东边，"目标客户群"在西边，销售就是两者中间的桥梁，而你就是这个桥梁的建筑师。你的任务就是,把西边的"目标客户群"吸引到东边作出消费，这样才能为你的公司赚到收入。中间的桥梁需要具有高吸引力，才能令"目标客户群"作出行动，要提升吸引力，就要在销售时建立价值阶梯，这是网络销售专家罗素．布朗森（Russell Brunson）提及的概念，让客户一步一步从你的销售中得到价值。他举出牙医的例子来说明，一名牙医 A 推出免费洗牙服务，这就是 Hook，吸引到目标客户 B 前往登记洗牙；洗牙途中，A 说 B 除了牙齿太黄的问题外，更发现B 的牙齿松动，有摇晃情况出现，建议为 B 加固定器，这就是推高服务价值的一步；完事后，A 要求 B 六个月复诊，如果情况不理想就要开刀做手术，再次将服务价值推高。按理说，价值越高价钱也愈贵，但不能否认的是，牙医每点出一个问题，就勾起了B 的需求，需求越大就越愿意付出更大金额消费，上述情况就如上楼梯一样，令你的服务的价值逐步推高。

成功的销售人士，就是懂得不断为客户建立价值阶梯，以一个又一个的 Hook 来引起客户的消费和成交欲望。认识到价值阶梯，这是销售是的桥梁，拉近了"你卖的东西"和"目标客户群"

的距离，不过请注意，这是拉近了距离，是一条捷径，但这不能保证你到达目的地——成交。要做到成交的话，你就要提升"你卖的东西"之层次，当你去到最高一层，你的销售无须主动出击，也可以吸引大量准买家主动向你购买，因为那时候你的公司，已经有条件累积"信徒客户"，成交自然手到擒来。

2.1 从菜鸟到大师的四个销售阶段

　　所以，你卖的是什么东西，这一点尤关紧要，市面上很多公司在销售时，根本抓不住应有的重点，未能把它们的优势好好推销，结果销售额不升反跌，就以为推销是没有作用，这是一个不成熟的想法。因为销售的内核，重心是在于"你卖的东西"的层次：

"你卖的东西" 4 种层次

三流销售 - 卖产品	二流销售 - 卖服务
努力去满足客户的痛点和需求，以为价钱是关键，不断以便宜和低价来取得优势，得不偿失。 　结果：多销只有薄利，甚至会蚀本，不断陷入轮回。	努力去满足客户的痛点和需求，以为服务质素是关键，但社会上总有人能提供比你更优质的服务。 　结果：只要消费者不需要你的服务，你就无法推销。
一流销售 - 卖自己	顶尖销售 - 卖愿景
建立个人／品牌的独特魅力，以自身所经历的故事作最好的包装，树立无人能取代的魅力，吸引客户成为品牌支持者。 　结果：客户觉得你的品牌独特，会主动上门求购，你的故事比你提供的产品／服务更为重要。	为目标客户建立对未来的期盼，不但普通的消费者会支持你，甚至可以吸引高质素投资者。 　结果：愿景是无价的，它能创造无上限的回报，让投资者主动投入海量金额，让你的生意取得超乎想象的突破。

　　换个角度去看，"你卖的东西"的层次越高，同时代表着你的不可取代性越强，对手越难在市场上击败你。三流的企业老板

集中精力推销产品，即使起初你的产品能引起热潮，但只要市场上有竞争对手直接复制你的产品，再以更平价去推销，你的优势就会荡然无存；二流的企业老板集中精力推销服务，特别是一些自以为专业服务的精英，觉得市场上没有太多人提供相关服务，不过事实就是"天外有天、人外有人"，永远都会有人比你学历更高、人脉更广、口碑更佳，你永远没有办法确立无可匹敌的优势。

要去到一流层次，就要将自己当成要推销的产品，有序地把你的个人魅力推销给目标客户，你的愿意、你的规划、你的点子、你的个人魅力，这些都是没有人能够轻易取代你的，这才能显得出你的独特优势，例如马云，他不只是阿里巴巴的老板，他透过不同的方式来推销自己，建立市场上独有的个人品牌价值，你还记得他的电影《功守道》吗？聘用一大班武打巨星来拱照自己，瞬间成为讨论热话。当普罗大众茶余饭后提起马云的时候，想起他的长相、想起他是富豪、想起他曾与一班武打巨星交手……他的个人品牌价值就会逐步深入民心。大家不妨回想，马云在公众场合是极少推销产品或服务，他大多是分享人生之道、生意心得、励志演说，不过只要当你看到阿里巴巴的产品和服务时，你就会想起马云，继续被他的形象所吸引，更愿意向阿里巴巴作出消费，因为你有信心的、你买的不是阿里巴巴，而是马云这个人。更成功的例子是乔布斯（Steve Jobs），数之不尽的"果粉"不是因为苹果（Apple）而去购买，而是他们对"教主"乔布斯充足信心，相信他带领的苹果会有越来越优质、越来越创新的服务和产品，因而成为果粉，长期购买苹果的产品。

要更上一层楼学懂顶尖销售的话，伊隆·马斯克（Elon

Musk）绝对是值得学习的对象，把愿景好好推销出去。近几年股价整体向上的电动汽车及太阳能板公司特斯拉（Tesla），其实在2018年一度陷入财困，当时老板马斯克大胆坚持推动 Cybertruck项目，以超前的承载式密封车身设计，号称要推出世界上最坚硬的电动车，防撞防烂防碎，让司机置身前所未见的安全驾驶环境之中，让人们产生"无坚不摧的电动车"的愿景。为了抓紧市场眼球和目光，马斯克在发布会上进行现场实验，让员工使用工具、铁锤、子弹等去攻击 Cybertruck，展示 Cybertruck 的坚硬，虽然最终因为仍有一块车窗玻璃破裂，但马斯克立即急中生智，笑言需要大家继续注资来完善他的 Cybertruck，即使至今 Cybertruck仍未推出市场，不过当时马斯克所吸引的资金，确实令特斯拉业绩大翻身，渡过了财困危机。这一点值得注意，"卖愿景"是向目标客户展示对未来的规划和想象，让他们深信该产品 / 服务在不久的未来可以优化人类的生活质素，引起目标客户群的期盼，继而心甘情愿作出消费行动。"愿景"是一个想象，真正执行时难免会有瑕疵，但不要被瑕疵而影响愿景，作为企业家的你，就是要好好包装瑕疵，让目标客户群觉得"瑕不掩瑜"，无阻他们作出消费行动。发布会上的 Cybertruck 虽然车窗玻璃被击裂，可是马斯克仍旧谈笑风生，客户的注意力自然被他牵引着，而不会太看重那块碎玻璃，最终在 Cybertruck 预售时，依然有为 19 不少的订单。这就是"卖愿景"的威力，它能令客户摒弃理性，愿意为美好的未来作出消费，甚至不介意长期的等待。此后的马斯克不断推出新项目，不断"卖愿景"，即使可能有少许货不对办，但特斯拉生意越做越大，成为市场上不可撼动的国际巨头企业。

2.2 卖自己方程式

马斯克与无数国际企业家的事例告诉我们，销售对一家企业经营可以有起死回生的影响力，作为老板的你，管理的不论是初创公司，或者是中小型企业也好，都应把销售列为你业务发展至关其重要的一环。

销售不是一天练成的，正如前文所言，你要做到顶尖的销售员，你就必须懂得卖愿景，让你的听众产生画面，对未来充满憧憬和冀望，同时你一直"卖自己"，夫升你的自我价值，让客户好好记住你，之后才会安心聆听你的愿景。好吧，如何让自己的销售可以跻身顶流？道理没有你想象中那么困难，首先你先谨记这条提升自我价值的"卖自己"方程式，你的自我价值与你的决心成正比的：

$$SV=C（E+R+FF）$$
$$Self\ Value=Confident（Encounter+Reality+Final\ Fantasy）$$

Encounter 即是你的人生经历

Reality 即是你面对的现况

Final Fantasy 即是你的最终幻想

Confident 即是你的决心

要素 1：经历（Encounter）

可能你会说："我是一个平凡人，人生经历并不丰富。"其实不然，你可以从 8 个角度入手，为自己找出人生中的"8 大之最"，分别是：

1/ 最令你快乐的事；

2/ 最让你感到自豪的事；

3/ 最让你感动的事；

4/ 最刻骨铭心的事；

5/ 最让你感到挫折的事；

6/ 最突破的事；

7/ 最伤心的事；

8/ 最著名的人的认可。

这一刻你可能尚未懂得整理你的思绪，不妨试用以下"九宫格组织法"来协助自己，以我自己为例：

		最让你感动的事 　　公司员工在网上被人肉搜索，但他们仍然坚持留守，甚至愿意不收薪水与我渡过难关
最快乐的事 　　给妈妈买了一层香港的房子	最让你感到自豪的事 　　获选为香港华人杰出青年及杰出企业家	
最刻骨铭心的事 　　与妈妈相依为命，住在10平剀房的5年岁月	**我的生命之最**	最让你感到挫折的事 　　被虚假的谣言在网络公审，一班吃瓜群众落井下石
最突破的事 　　大胆去李嘉诚家中按门铃推销我的项目	最伤心的事 　　被合伙人偷公司资料出卖，令我怀疑自己的人际关系	最著名的人的认可 　　曾获多位不同国家的前总统接见

　　以上是我人生的中的"8 大之最"，让你从 8 个角度大约了解到我的性格特质。大部分人对"硬销（ Hard Sell ）"一直没有好感，所以当你做销售的时候，尽量避免单刀直入说自己有多好、公司有什么成就、产品有多优质。相反，你是要以"说故事"来打动人心，让目标客户对你留下印象，觉得你与众不同！说好自己故事是很重要的，上述的"8 大之最"，就是让你好好整理出你人生经历，将这些不同面向的经历，转化为只属于你的故事。为何故事书永远都会比教科书受欢迎？因为人们喜欢听的是故事，而不是教条式的资料，当你能够运用故事来塑造你的特质，目标客户的思绪就会被你所牵引，

你可以很快打破沟通上的壁垒，拉近你们之间的距离；

你可以逐步建立权威感和专业感，让他很快对你产生信任；

你可以把自己的故事告诉给他，让他逐步了解你的优点；

你可以逐渐建立独一无二的说服力，让他从此被你的个人特质吸引。

"卖自己"的本质就是向目标客户塑造"你是谁"。站在消费者的角度，很多时候当你选择购买一件物件，不一定是他的质量有多好，反而是因为这些物件是一个你相熟、你信任、你认可的友人推荐，因此你决定购买。同样道理，从一个普通投资者角度去看，市面上每一间公司的老板面貌都是差不多，你是吸引他们注资，不一定是你的计划书做得有多好，反而是你要在他们心目中建立一个"我是特殊的一个，我就是最佳的选择。"印象，当他们在做决定的一刻，如果会顿时想起你的话，那一刻你已经赢了！所以，你不妨现在就试用"九宫格组织法"，把自己的Encounter(经历)列出来，组成8个故事，储起来留待见客时运用。面对不同性格的目标客户，你就抽取相关的故事出来，在客户面前树立与众不同的印象。

要素 2：现况（Reality）

向客户分享你的经历，给客户留下你想他对你认知的形象之后，就可以向他提及你的 Reality 了。过去的经历，塑造了现在的你，你要向客户展现的你正面能量，以"过去"来凸显"现在"的你，讲述从过去的经历中，如何令你作出改变，包括心态上的改变以及现况上的改变，再与客户分享你未来将会采取的行动，如何让身边团队的人获益，引起客户对你产生期待。经过以上的铺排之后，你就可以带出你的"贵人"，过去有什么"贵人"曾经协助你、扶持你，令你有所醒觉有所领悟，因此作出"改变"，这些故事绝对可以勾超客户的好奇心。带出"贵人"，除了故事性之外，更重要的是让客户知道原来你是一个"懂得感恩"的人，将"贵人"对你的帮助好好传扬开去。

无论客户认不认识你的"贵人"，你都必须将这个经历和现况说给客户听，你要向客户展现你懂得"感恩"的一面。正如汉初名将韩信的一饭千金故事，一位老人家曾向潦倒的韩信施予米饭，让后者捱过饥饿的生活，其后当韩信得到刘邦重用封侯领兵的时候，他不忘以千金回报给这名老人家。这个故事刊于《史记》之内，是否真有其事并不重要，重要的是你看完这故事之后的感觉，有否觉得韩信是一个信守承诺、有恩必报的好人？同样道理，让客户知道你是一个知恩图报的人，他的判断会被你这种性格特质所影响，比如你公司周转不灵需要注资时，一旦客户都知道你是一个有恩必报的人，他们自然更愿意被你销售、更愿意借钱给你。反之，一旦客户知道你是一个逃避债务的老板，你认为他们愿意借钱给你吗？另一个重要的角色是"启蒙者"，将你的经历

化为故事，告诉客户你曾受谁人启蒙。好像我曾发奋到处向世界
各地的大师学习，包括安东尼·罗宾（Tony Robbins）、罗伯特·清
崎（Robert Toru Kiyosaki）、杰·亚伯拉罕（Jay Abraham）等，
突破了我以往的市场推广及营销认知。"启蒙者"越多，反映着
你是一个越愿意学习、越愿意吸纳别人长处的人，你的格局是不
断提升的。当你将以上经历告诉给客户，他们自然对你产生正面
印象，销售时的壁垒很快就会被打破。

　　运用"贵人"和"启蒙者"的角色，刻画自己的特别经历，
在客户面前为自己建立正面印象，让客户了解你的"过去"和"现
况"有何转变。只要你跟着这样方法做，你的客户自然听得津津
有味，销售时不会对你反感，你的独特形象越来越鲜明了。

要素 3：最终幻想（Final Fantasy）

成功之路，就是要将你幻想的事情实践成为真实。前文我们提到的马云，你知道当初是谁投资给他，让他的事业有所突破吗？那人就是孙正义。曾有人问孙正义是怎样取得成功，孙正义简单说："一切都是来自毫无根据的自信和梦想而已。"

作为企业家，多点向你的客户说出你的 Final Fantasy，不妨让客户知道你是一个敢于发梦的人，向他分享你对筑梦的喜悦。只要是任何你曾在脑海中见到的影像，你就要尽所有可能，誓死将这个影像变成真实。马云在 1998 年曾试过有 Fantasy，大胆说要让做生意变得简单，让平凡人也可做自己的生意，后来就有"淘宝"的出现了。马斯克（Elon Musk）说要登陆火星，推出了 Space X 项目，大家都会期待他未来有一天真的能够在火星出现。不要拘泥于你现在的生意规模，所有生意都是由小做起，但只要你敢于 Fantasy，终有一天你可以创造你的未来。要吸引客户对你的 Fantasy 产生兴趣，就不能小修小补，而是要制造大的格局，最好是有指定年份的规划。因为人是愿意为大格局付出，不会为小事而掏钱出来。

SV=C（E+R+FF）

"经历""现况""最终幻想"相加起来，你的决心得到提升，你的自价值也得到提升。这时候，你必须拆解一个问题！一旦客户问："你的梦想与我何干？"你该如何回复？

销售力是需要铺陈的，去到这个时候，你不能浪费你辛苦建构的铺陈！你必须让客户觉得你是为了他而设的！所以你的答复应是："因为我这个梦，是与你一起分享，取得成功的时候，到

时你能够与我一起担任重要角色。"如果马斯克说想与你一起上
太空，你真的不会心动吗？让你的画面植入你的客户脑海中，引
发他的共鸣，让他觉得与你合作是无悔的事。切勿觉得这做法是
尴尬肉麻，只有当你的情感直接攻入客户内心，才能在他们的感
情中引起波澜，让他们真的会深刻记住你，你的销售才能直达人
心。能够将销售直透人心，才能无往而不利。

要素 4：你的决心，你的 Confident（自信）

做了超过十年的生意，我发现要将销售力提升，与你的自信程度基本上是成正比的。要把销售的话术说得很有味道，关键在于你能否自信铿锵地把话说出来。

问题是，何谓自信？

自信，基本上就是你的决心。

你对于一件事情的决心越大，自信自然随之越大。2013 年，哈佛大学公布了一项研究，发现人的说话，很多时会表达出他们对一件事的决心程度：

当中有 36% 的人常说"希望"；

27% 的人会说"尝试"；

20% 的人说"想做……可是……"；

12% 的人说"尽力而为"；

相反，只有 5% 的人会明确地说出"我决心做好……"。

而这 5% 的人虽然不普遍，但财富上却比前 95% 人为多。事实上，人做决定时，往往很易受自己惯性思考所影响，你的信念影响你的说话，你的说话影响你的行动，你的行动影响你的习惯，你的习惯主导了最终的结果，如果你的说话往往是予人不确定的感动，你的销售力一定会大打折扣。换个角度看，假如你是一名顾客，一旦你听到一名售货员在推销产品时，往往都是含糊其词，每答一条问题都是说"不太肯定""不保证""未必肯定做到"……你会有什么感受？如果乔布斯在苹果发布会上没有自信，演说时说出很多不肯定的语句，作为消费者的你，又是否敢于使用苹果新产品？

　　你的说话绝对反映出你的信念，而你的信念不够强，你的结果也一定不会非常理想。要推高你的销售力，你的自信是重要一环，将你的"人生经历""现况""最终幻想"相加起来，斩钉截铁地说出你的销售说话，你的魅力自然大幅提升，潜在客户也更愿意多花心机来聆听，故此请记得要卖好你自己：

$$SV=C（E+R+FF）$$

　　从自身出发，卖好你自己，你的销售力自然稳步上扬。丰富了自身的销售力之后，下一个步骤就是——为客户塑造难题，唤起他们的需求。

2.3 SPIN：别人说的难题不是难题，
自己说出来的才是问题

　　以故事打破你和客户的隔阂，以愿景强化客户对你的信任，以自信来提高整体销售力，这些是你自身要做好的，但客户有时不会因为你表现好而光顾你，因为他觉得暂时没有需求。"不用了，我没有这个需要。"这句话相信99%人都说过并且听过，既然如此，如何唤起客户的需求，就是你要处理好的一个步骤。

　　很多销售员会觉得，你的产品和服务能够做给客户价值，客户就会愿意光顾你，其实不然，你要做好的一步，是你要先为客户"制造难题"。况且，客户的心态很古怪，他们会觉得"别人说的难题不是难题，自己说出来才是问题"。你没有让客户意识到他自身有问题，他就不会寻找解决方法，而你就没有机会向他推销你的产品和服务。这时候，你必须主动引导客户去跟着你的方向思考，意识到自己原来有问题，而他的最佳解决方法就是光顾你，来到这一刻，你的产品和服务正好可以"投其所好"解决他现有的问题，这样才可以水到渠成推动成交。故此，引导客户主动说出他的问题，是一样在销售过程中不可或缺的小技巧，而要处理好这个步骤，我会推介由销售学学者尼尔·拉克姆（Neil Rackham）归纳而成的"SPIN问题销售法"给你，SPIN是一个缩写，代表了4个关键问题，这些问题可以帮助你更了解客户的需求和问题，以便更好地引导客户进行你想要的决策。

S - Situation（处境）	掌握客户的当前情况和背景。
P - Problem（问题）	探索客户现正面临的问题和挑战。
I - Implication（放大影响）	了解这些问题和挑战对客户的业务所产生的影响。
N - Need-payoff（需求回报）	确定客户需要什么，以及如何解决这些问题可以带来什么回报。

开展"SPIN 问题销售法"，第一步是要为客户了解第一个 S，Situation，处境，而通常处境离不开以下 8 个范畴

家庭	事业	财政	兴趣
关系	生活	健康	梦想

举例：

1. 家庭：

面对一个家里孩子即将要上大学的家长：

"孩子教育是大事，大学学费应该是一笔不小的支出吧？您在教育储蓄方面有什么计划吗？"

面对一个正在装修新房的夫妇：

"装修真是件费心的事，你们在选择建材和家具时，最看重的是什么？环保、实用还是设计感？"

2. 事业：

面对一个刚创业的年轻人：

"创业初期真是充满挑战，你在品牌推广和市场营销方面有什么计划吗？如何才能让更多人知道你的产品？"

面对一个公司高管：

"管理一家大公司肯定不容易，你在团队建设和人才培养方面遇到过哪些挑战？如何才能提高团队效率？"

3. 财政：

面对一个想要进行投资理财的人：

"现在投资渠道很多，风险也各不相同，你在选择投资产品时，最看重的是什么？收益、风险还是流动性？"

面对一个收入不错但月光族的年轻人：

"你每个月收入不错，有没有想过如何利用理财让你的财富稳步增长？实现财务自由是你的人生目标吗？"

4. 兴趣：

面对一个喜欢旅行的客户：

"旅行是件很棒的事情，你在计划旅行时，最看重的是什么？行程安排、酒店住宿还是当地体验？"

面对一个富二代：

"你不愁收入、财政良好，那么你的生活是否很开心，有没有人生的兴趣？"

5. 关系：

面对一个想要提升人际交往能力的客户：

"良好的人际关系对工作和生活都很重要，你在与人沟通和建立关系方面遇到过哪些困扰？"

面对一个想要维系亲密关系的情侣：

"维持一段长久稳定的关系需要双方共同努力，你们在相处过程中，有什么想改善的地方吗？"

6. 生活：

面对一个工作压力大的客户：

"工作压力大很容易影响生活质量，你平时有什么解压放松的方式吗？有没有想过尝试一些新的生活方式？"

面对一个想要提升生活品质的客户：

"每个人都渴望拥有更美好的生活，你对未来生活有什么期待？你认为哪些方面可以提升你的生活品质？"

7. 健康：

面对一个经常熬夜加班的客户：

"长期熬夜对身体健康损害很大，你平时有注意养生保健吗？有没有想过通过一些方式来改善睡眠质量？"

面对一个注重健康饮食的客户：

"你对健康饮食很有研究，平时是自己做饭还是选择健康餐厅？你会不会担心食品安全问题？"

8. 梦想：

面对一个想要创业的客户：

"创业需要勇气和魄力，你准备好迎接挑战了吗？你认为创业过程中最大的困难会是什么？"

面对一个想要环游世界的客户：

"环游世界是很多人的梦想，你计划什么时候开始你的旅程？你认为实现这个梦想最大的阻碍是什么？"

此等种种问题，就是你引导客户的思考方向，让他在上选的8个处境上，思考自己面对着哪些难题。没有人能够在8个处境中都无忧无虑，关键在于你有没有能力为他找出他的难题。只要你找到客户的痛点，你才能够"投石问路"，为客户献上你预先设好的解决方案。

在深入了解客户的 S 之后，你需要根据他们所面临的问题，运用你的 SV 方程式，分享你相关的 E+R。这样做的目的是表明你曾经面对过相似或相近的困境，从而建立共鸣，拉近彼此距离，让大家心心相连。在这个阶段，重点在于真诚地分享你的故事和经历。这不仅仅是一种交流方式，更是一种建立信任和理解的过程。当你敞开心扉，分享自己的脆弱时刻和克服困难的经历时，客户会感受到你的真实和可靠。不要为了迎合客户而编造故事，因为只有真实的经历才能产生真正的共鸣。同时，确保你分享的经历与客户的问题相关，这样才能真正帮助到他们。虽然要谈及困难，但更要强调如何克服这些困难，展现出积极向上的态度。

当你在与客户交流人生八大板块时，如果收到负面回应，比如客户表示在某个处境中遇到了难题，你就可以自然地过渡到 SPIN 销售法的**第二步：Problem（问题）**。

在这一阶段，你需要引导客户深入思考，让他意识到问题的严重性，并为你的产品 / 服务铺路。切记，你不是要制造焦虑，而是要帮助客户认清问题，并引导他们找到最佳解决方案。

例如，上文提到的富二代说，他未找到人生的兴趣。这时，你可以抓住"兴趣"这个关键词，进行深入探讨：

·你最近是否欠缺了动力去做事……

·你是否对 xxx 感到没有兴趣，想找一些挑战性的东西……

·没错，生活实在太乏味，不过我最近发现有样东西挺有趣，我花了很多时间去研究，不如现在介绍给你……

在销售过程中，我们不是在"审问"客户，更不应该强硬推销。相反，我们应该站在客户的角度，像朋友一样与他们一起正视难题，共同寻求解决方案。真诚的关怀和同理心，才是打动客户最有力的武器。

这时，你在 SV 方程式中写的八大问句又再有用了。分享你自己的故事和经历，是建立共鸣的绝佳方式。当客户感受到你与他感同身受，站在同一立场时，他们就会更愿意向你敞开心扉。这时，你就可以巧妙地进入 SPIN 销售法的**第三步：Implication（放大影响）**。

例如，你可以向那位富二代继续提问：

"您认为您现在的情况，多少年/多少月后会否继续这样？"

"您是否担心十年之后，生活/事业/人生会跟现在没有太多分别？"

"您觉得五年内，您能找到自己的人生方向、找到您的兴趣所在吗？"

通过"时间"这个维度引导客户思考，让他们反思过去和未来，从而强化他们对当下需求的认知。（这些时间是按情况自己去制定）

例如，你可以说："坦白说，两年前这个问题存在吗？两年前的您和现在有什么分别？"（现实生活中，很多人的生活在几年内都不会有翻天覆地的变化。）当客户表示"确实没有太大分别"时，你就可以放大这种停滞不前的痛苦："如果两年前的您和现在没有大多分别，那你凭什么认为现在的您跟两年后会有分别呢？"

　　如果同一件事两年后会再次发生，任何正常人都会想方法去避免的。透过"时间"去强调现时这一刻的迫切性，正好令客户更加敢于果断采取行动，只要客户认为"有需要"去处理难题时，你就要把握这个心理关口，开始**第 4 步 Need-payoff（需求回报）**了，用以下这句问题彻底让客户被你征服：

　　·你认为如果有一个方案（产品／服务），可以让你好好避过这些难题，你真想了解一下吗？不过，这个方案可能需要少许代价……

　　这些情况之下，客户不会对你有反感，反而会觉得你说的话是合情合理的。世界上没有免费午餐，要解决客户现正面对的难题，是需要"代价"的，关键在于你要用 SPIN 的方式让客户觉得这个"代价"是值回票价。所以，"SPIN 问题销售法"的基本思想是，通过你提出针对客户的问题和需求，为你更深入地掌握客户需求，并且激发客户的兴趣和动机，从而增加销售的成功率，途中你可运用以上 4 个步骤，逐步唤起客户的难题和需求，让他觉得非这一刻处理难题不可，"成交"自然更加顺理成章了，以下是我公司同事 A 与潜在客户在对话时使用"SPIN 问题销售法"的例子，大家不妨试试：

　　同事 A："你好呀，感谢你今天抽出时间与我交谈。你能告诉我一下你目前的情况，最近你有没有看过相关的资料呀？"

　　客户："是的，我们目前的软件存在一些问题，正在寻找更有效率的解决方案。"

　　（"处境"——提出开放性的问题，以了解客户的情况和背景。）

同事 A："我明白了，你遇到了什么样的问题？"

客户："嗯，目前的软件速度缓慢且过时，而且不与我们的其他系统很好地集成。"

（"问题"——销售人员跟进问题，以了解客户正在面临的具体挑战。）

同事 A："我明白了，这似乎对你的业务有难以估计的影响，最怕是让你的竞争对手得益！"

客户："是呀，这减慢了我们的流程，浪费了我们的时间和金钱。我们无法与拥有更加流畅系统的竞争对手保持竞争力。"

（"放大影响"——了解问题对客户业务的影响。）

同事 A："这是一个合理的担忧，我们必须找到一个解决方案来应对这些问题，但可能需要付出一笔成本……"

客户："这将为我们节省时间和金钱，使我们能够更有效地竞争市场，即使价钱贵也是做。"

同事 A："我明白了。根据你告诉我的内容，XX 产品 / 服务可能非常适合你，也可以在 XX 日之内协助你处理以上难关，不如用 5 分钟时间向你讲解要怎样做……"

（"需求回报"——提出解决客户难题的潜在成效，强调"需求回报"。）

2.4 卖产品方程式

　　使用"SPIN问题销售法"，让客户的内心浮现一句话："是呀！我真的需要XXX的，而且我明白要付出一定代价来处理这难题。"之后，正在销售的你机不可失，把握机会提升你的产品和服务的"价值"了！

　　要为产品和服务塑造价值，不是罗列一堆优点就是，无论产品有几多优点也好，你都要"先说吸引点，后谈产品资讯"。你是销售员，不是说明书，吸引点才会引人入胜，生硬的资讯并不吸引。所以，如果你想练成高销售力，千万不要以为把资料死背硬记即可，反而你要先培训自己的创造力。换言之，你推销时能够不需稿件，也可以行云流水说话，而且有一些（并非一堆）资料来支撑你的内容，这才算是理想的销售。故此做好销售，无须连珠爆发地把所有优点、特性、好处说出来，不要让客户感觉你在"背稿"，或者觉得太Hard-sell，一旦觉得反感，客户就随时会被情绪所主导，什么也谈不拢。要先让客户打开耳朵，乐意消化你的说话，这样才能将销售的过程一直延伸，这里牵涉到"绿灯讯号"技巧，要好好注意客户的微细反应。如果客户的反应是不允许你说下去，你就不要强行说下去；如果客户的反应是"开绿灯"，间接说明他是想了解更多你的产品／服务的价值。一直观察客户的反应，看看他是否接受了你提及的产品和服务的"价值"，当你认为他的反应是正面的，你就可以直接说价钱了。

　　事实上，销售是一项心理游戏，你要懂得好好拿捏每句说话

的潜在影响，必要时要懂得"游花园"。有些客户直接就问："几
钱呀？"你记得不要直接回答，反而你要将他从"价钱"带回"价
值"，不妨回答说："先不用急，你知道这个产品比起其他同类
产品有何独特之处吗？""价钱"的高低从来不是客户做决定的
关键，为客户带来多少"价值"才是他们最终关心的事情，要练
习好的销售力，就要懂得带领客户去感受"价值"，而非让客户
从"价钱"来决定是否消费。要让客户感觉到"价值"的重要性，
除了说出产品／服务的优势之外，你更加要让客户觉得他的既有
看法是错误的！试想想，如果客户是对的，你怎样花唇舌去说服
也不会见效，因为他觉得他是对的，他不需要向你购买任何东西。
腹黑一点来说，你要用不同方法作出论证，让客户感到原来他的
既有观点是错误，他才会产生"愿意改正"的意识，你才可把握
这个意识来启发他，让你心甘情愿向你作出消费。

　　作为企业家，做生意在"卖自己"的同时，当然不能忽略如
何讲好自己的产品或服务，懂得把产品好好包装，它的"价值"
才会升高。除了卖自己有方程式外，卖产品都有必定要熟记的方
程式：

$$PV=F(P+S+B)$$

Product Value=Feeling(Principle+Story+Benefit)

产品价值 = 感觉（原理 + 故事 + 利益）

要素 1：Principle 产品原理

产品原理很简单，在你向客户推销的时候，你先问自己："为什么这个产品／服务会存在呢？"所有东西出现在社会之中，必然有它诞生的原因，不会有东西是无缘无故地存在。每天拿着手提电话的你，还记得过去 15 年来苹果手机的创新吗？还记得当时乔布斯在介绍 iPhone 的时候，他很详细说出为何会研发新一代的苹果智能手机，因为当时人们要听歌、要打电话、要上网的时候，基本上是需要使用 Ipod、电话和手提电脑 3 项工具才可完成，所以他决定要打破这种不便，制造一种新的产品来兼备以上 3 种功能。乔布斯透过向公众讲述 iPhone 的诞生原因，它能够解决到的问题，来道出这部智能手机的价值。当公众意识 iPhone 能够有利日常生活、能够协助自己处理很多事情时，iPhone 认受性得以提高，"价值"自然水涨船高。

小米的创始人雷军深刻理解了中国消费者对高品质但价格实惠的智能手机的需求。在小米成立之初，中国市场上要么是昂贵的进口手机，要么是功能有限的低端国产机。雷军看到了这个市场缺口，他提出了"让每个人都能体验到科技的乐趣"的理念，致力于制造高品质但价格亲民的智能手机。小米向公众阐述其存在的理由时，强调了产品的高性价比、优质用户体验，以及对科技创新的追求。他们不仅制造手机，还建立了自己的操作系统 MIUI，并积极听取用户反馈进行改进。通过清晰地传达这些价值，小米成功地将自己定位为科技创新的平民化先锋，大大提高了品牌在消费者心中的价值。

在美团创立之前，中国的外卖市场还处于相对初级的阶段。

人们要订餐，往往需要翻找各种餐厅的电话号码，一家一家打电话询问。美团的创始人王兴看到了这个问题，他提出了一个创新的解决方案：为什么不创建一个平台，将消费者、商家和配送员连接起来，实现一站式的外卖服务呢？美团向公众解释他们存在的理由时，强调了便捷性、选择多样性和高效率。用户可以在一个应用程序中浏览众多餐厅的菜单，轻松下单，并实时追踪订单状态。对商家而言，美团提供了一个扩大客源的渠道。对配送员来说，则创造了新的就业机会。通过清晰地阐述这些价值，美团成功地将自己定位为生活服务领域的创新者，极大地提高了其在用户心中的价值。

这些在市场上取得巨大成功的公司都有一个共同点：它们的创始人清楚地理解并能够有力地阐述产品存在的原因。他们不仅识别出了现有的市场需求或问题，还提出了创新的解决方案。作为销售人员，如果你能够像这些成功的企业家一样，清晰地解释你的产品或服务为什么会存在，它解决了什么问题，能为客户带来什么价值，你就更有可能说服客户购买你的产品或使的用你的服务。记住，当客户真正理解并认同产品的价值时，销售就变得水到渠成了。

要素 2：Story 故事式描述

故事式描述可以分为 4 类：品牌故事、领导故事、产品故事、客户故事。

品牌故事：

看到上图的画作，你第一眼觉得是什么意思？这幅画作名叫"His Master's Voice"，由英国画家巴拉克（Francis Barraud）于 1898 年创作，画中一只小狗聚精会神地听着主人的留声机。当时，巴拉克的哥哥马克斯（Mark）去世了，留下了一台留声机和一些唱片。巴拉克收到了这些唱片，其中包括一张自己的哥哥唱的唱片。他决定把留声机和唱片带回家，但是当他打开门的时候，他的狗 Nipper 站在门口，耳朵竖起，好奇地听着留声机的声音。巴拉克被这个场景深深打动，他决定画下这个场景，画作后来命名为"His Master's Voice"，其后更被国际唱片公司 EMI（Electric and Musical Industries）收购。EMI 决定把这个图案作为它旗下的唱片品牌的商标，后来也成了 HMV 的商标。这个商标很快成为当代音乐产业的标志之一，也成为一个文化符号，它代表了人们对音乐的热爱和对技术创新的向往，此理念也令品牌价值得以提高。

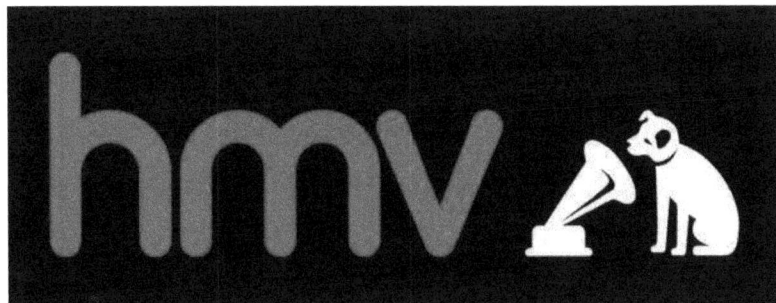

领导故事：

企业家创业的故事可以很戏剧性的，经典莫过于以下这位传奇人物：

5 岁时，父亲过身；12 岁时，母亲改嫁，抛弃了他。

14 岁，被迫流浪度日；18 岁，婚姻破裂，离婚收场。

30 岁，一事无成；47 岁，第二次离婚。

65 岁，住所被迫迁；66 岁创业，但后来他失去了对公司的控制。

85 岁时破产，88 岁时，他再次创业，套回失去了的一切。

他是谁？他就是哈兰.桑德斯（Harland Sanders），著名的KFC 伯伯。在 1930 年代初，桑德斯开始在肯塔基州的一个加油站附近卖炸鸡，深受当地人的欢迎。随着生意的不断扩张，他开始开设更多的加油站，并在当地的餐馆和咖啡馆中出售他的炸鸡。1940 年代，桑德斯尝试将自己的烹饪技巧和配方推广到其他地区，他通过邮寄来自他的厨房的调料包和烤盘来实现这一点，生意随之蒸蒸日上。1952 年，桑德斯在肯塔基州的一个小城镇上开设了一家 KFC，吸引了大批顾客。随着时间的推移，他的生意不断扩张，开始在全国各地开设分店，并与其他企业家合作开设特许经营店。不过到了 1970 年代，桑德斯因理财不善，无奈将 KFC 出售给了一家食品公司，虽然他继续担任公司的形象代言人，但是他对公司的经营和管理失去了控制。此外，他还借款用于一些个人投资和慈善事业，但是这些投资并没有获得预期的回报，导致他负债累累。1975 年，桑德斯正式申请破产保护，其个人债务高达 400 万美元，被迫变卖房产和其他资产来弥补债务。然而，"KFC 伯伯"并没有放弃，他继续代表 KFC 出现在广告中，努力恢复自己的声誉。直到在 1980 年去世前，他成功还清所有债务，并留下了一个强大的品牌和企业遗产。"KFC 伯伯"的破产经历表明，即使是成功的企业家也会遇到挫折和困难，但是关键是如何从中学习并重新开始，他的坚韧和勇气启示了许多人，成为一个经典的创业故事。KFC 也成为全球最著名的速食店品牌之一，产品价值因创办人的传奇故事而增添色彩，在销售时时更能引起客户的共鸣感。

产品故事

用故事来增加产品价值，有时候不一定需要真实的故事，Louis Vuitton（LV）的铁达尼号打捞故事虽非真确，不过确实协助这家法国品牌一跃成为人们追捧的东西。LV 从 1854 年起就以旅行皮件闻名，后来在 1858 年做了一项创举——以"气密材质"创造出一款全新的硬壳行李箱，涂锌表层为耐用又防水的帆布物料，将旅行箱覆盖。可是，LV 真正风行于社会，其实是得益于 1912 年英国豪华邮轮铁达尼号沉没一事，据说搜救大队在铁达尼号的遗物当中，找到了许多完全没有进水也完好无缺的 LV 行李箱，这让 LV 瞬间声名大噪，但究竟故事的真相如何？无人得知。重点反而落在销售之中，在商业世界中，一个深入民心的产品故事的确可以让你的品牌迅速火红，故事讲得好，产品卖得好一直是销售界的惯例。所以你要想把自己的产品 / 服务很好地卖出去，一定要学会讲故事，不需拘泥于真假，因为消费者很容易会因为一时冲动去购买。只要你的故事够动听，产品价值也自然"节节上升"了。

客户故事

有时候，无需精心刻意去构思故事，反而是把握话题热度，乘势将品牌好好宣传出去，你的产品价值就会瞬间爆发，史上首位游过英伦海峡的女性运动员梅赛德斯. 格莱兹（Mercedes Gleitze），就因为这次创举，偶然令劳力士（Rolex）升价十倍。格莱兹在 1927 年 10 月 21 日成功横渡英伦海峡，引起了全球关注和媒体广泛报道，当时在横波期间一直佩戴一款名为 Oyster 的劳力士手表，该手表是由劳力士于 1926 年推出，具有防水、防尘功能，被认为是一种非常先进的设计。格莱兹游泳时，手表曾经长时间浸泡在水中，但在游泳结束后，手表依然完好无损，显示出了其高品质和耐用性，于是劳力士就巧用这次游泳壮举，开始进行广告宣传，强调了 Oyster 手表的防水和耐用性，创造了"不仅是一只手表，更是一种信仰"的品牌形象。这次宣传活动极其成功，劳力士的品牌声誉和知名度大大提高。从此以后，劳力士的手表被认为是高品质、高精度、高档次的代名词，成为全球最著名的手表品牌之一。一个故事，不但刺激销量，更让劳力士品位提升不止一个层次，这种用故事强化产品价值的威力，绝对是每个销售人员必须学好的一环。

要素 3：Benefit，产品利益

向客户讲解产品利益，不外乎从 2 个角度着手：

（一）解决问题，逃离痛苦

顶尖销售员，基本都是好的问题解决者。以购买计算机为例，你不需要雄辩滔滔地向客户罗列计算机的优点和特性，因为客户只关心一样东西，它可以为我解决什么问题（计算）。

（二）达成目标，追求快乐

让客户看到成功的画面，就代表你的销售成功了。这种状况常见于保险销售当中，很多保险经纪很仔细向客户解释条款，指出会有什么保障、什么红利……但其实这些并非最核心的销售点。真正的销售点，是你为客户建构他得到保障、得到医疗、得到支援、全家开心生活的画面。你要为客户 Build-up Fantasy，他才会与你同一"频率"，你的销售才会事半功倍。故此，美容中心很少向你详细说每个仪器的技术是什么，反而他们会不断向你灌输你做完疗程之后的美丽效果。把画面、把效果带给你的客户，这才是重中之重，这才能把你的产品价值大幅增值。

要素 4：Feeling，感觉

在商业世界中，产品的价值不仅仅取决于其功能或特性，更重要的是它如何被感知和理解。P+S+B 这三个要素组合在一起，构成了产品价值的基础。

然而，真正让这个公式发挥魔力的是 F——感觉（Feeling）。无论产品本身多么优秀，客户最终做出购买决定的往往是基于他们的感觉。这就是为什么 F 在公式中起着乘数的作用，它能够放大或缩小其他因素的影响。

让我们通过几个著名的例子来理解这个公式的应用：

首先，看看苹果 iPhone 的成功。iPhone 并不是市场上第一款智能手机，但它成功地结合了优秀的原理（P：直观的触摸界面），引人入胜的故事（S：改变世界的革命性产品），以及明确的用户利益（B：将电话、音乐播放器和互联网设备合为一体）。然而，真正让 iPhone 成为现象级产品的是乔布斯创造的那种感觉（F）——拥有 iPhone 就像加入了一个独特、前卫的精英俱乐部。这种感觉极大地放大了产品的价值。

再来看星巴克的品牌塑造。星巴克不仅仅在卖咖啡，而是在提供一种生活方式。其原理（P）是提供优质咖啡，故事（S）则围绕着其发源地西雅图的咖啡文化，利益（B）包括提供一个舒适的"第三空间"。但星巴克的成功在于它创造的感觉（F）——一种精致、专业、值得享受的生活态度。这种感觉让顾客愿意为一杯咖啡支付更高的价格。

一个更加生动的例子是阿里巴巴的创始人马云。1999 年，马云刚刚起步，几乎一无所有。但是，在一次仅仅 6 分钟的创业概念阐述中，他就成功地打动了日本著名投资人孙正义。结果是令人惊讶的：孙正义当场决定投资 2000 万美元。后来，孙正义解释说，促使他做出这个决定的关键因素是马云给他留下的深刻印象和良好感觉。

这些故事生动地说明了"感觉"的重要性。无论是乔布斯、星巴克的创始人、马斯克还是马云，他们可能没有最完美的产品或最详尽的商业计划，但他们都成功地传达了一种强烈的感觉——这种感觉包含了他们的远见、热情和执行力。这正是我们公式中 F 的体现。

其他成功的例子还包括 Airbnb 营造的探索和冒险感觉，奈飞（Netflix）创造的自由掌控娱乐时间的感觉，以及耐克（Nike）"Just Do It"口号所传达的勇气和决心。这些感觉都极大地增强了各自产品的价值。

因此，在塑造产品价值时，我们不仅要注重产品本身的原理、背后的故事和具体的利益，更要着力于如何让客户产生积极的感觉。这种感觉可能来自产品的设计、品牌的形象或是与客户的互动方式。当我们成功地激发了客户的正面感觉，产品的其他方面就会被自然而然地放大，从而大大提升产品的整体价值。

记住，在商业世界中，理性分析固然重要，但往往是那些能够触动人心、引发共鸣的产品才能真正脱颖而出，创造出远超预期的价值。成功的企业家和营销者都深谙此道，他们不仅注重产品本身，更懂得如何营造能够触动人心的感觉，从而在竞争激烈的市场中脱颖而出。

2.5 做好销售层次成交近在咫尺

成功的销售，就是懂得不断为客户建立价值阶梯，以一个又一个 Hook 来引起客户的消费和成交欲望，拉近了"你卖的东西"和"目标客户群"的距离，下一步要推动到成交的话，你就要提升"你卖的东西"之层次。你卖的是你自己，这才是主线，运用销售方程式将你的层次几倍提高，同时也切记不要忘记做副线，好好包装你的产品价值。之后，临门一脚的"成交"就不能轻易错失了，别看轻这临门一脚，根据乔·吉拉德的统计，有 63%的销售人员在结束的时候，反而是不敢开口去做成交的，就算敢于开口，绝大部分的销售人员基本上在开口提出两三次之内，就主动放弃向客户作出游说。其实，超过 80% 的交易，都是至少要求 5 次成交之后才真正达成的，如果你轻言放弃，无疑是为了你的竞争对手铺路。因此，你临门一脚的决心很重要，你要坚信每一个潜在客户都是愿意购买你的产品 / 服务的，纯粹是因为他的犹疑所以才未有成交。而你，就要克服不断被拒绝的挫败感，力求令潜在客户不再犹疑，成交才能真正做到。要推动客户下决定消费，有一些小技巧是不可或缺的，我个人推荐以下 4 个小技巧：

I / 假定成交法

这种方法的核心理念是，销售人员在与客户交谈时，巧妙地假定客户已经决定购买，从而将对话引向更具体的细节和后续步骤。

　　假定成交法之所以如此有效，是因为它利用了人类心理的一个特点：当我们被引导思考某个决定的细节时，我们往往会不自觉地接受这个决定本身。它创造了一种心理动力，使客户更容易接受购买的想法。这种方法高度依赖于精心选择的语言。销售人员会使用暗示客户已经做出决定的词语和短语。例如，一个房地产经纪人不会问"您是否考虑购买这套房子？"而是直接询问"您打算何时搬进这套新家？"这种表述方式巧妙地将对话引向购买后的情景。

　　这种方法的另一个关键在于将对话引向具体细节。比如，房地产经纪人可能会问："您更喜欢将主卧室粉刷成什么颜色？"或"您是否需要我们推荐一些优秀的室内设计师？"这些问题不仅假定了购买决定，还帮助客户想象自己拥有和使用产品的场景。通过讨论购买后的细节，销售人员帮助客户创造了一个生动的情景。例如，汽车销售员可能会说："想象一下，您驾驶这辆车去度假的场景，阳光透过全景天窗洒落进来……"这种描述帮助客户感受到拥有产品后的愉悦感。

　　假定成交法的一个巧妙之处在于，它减少了客户感受到的决策压力。通过将对话引向细节，客户的注意力从"是否购买"转移到了"如何使用"，这使得购买决定变得不那么沉重。这种方法也利用了人们不愿意打断对话流程或否定别人假设的倾向。当销售人员自信地假定成交，许多客户会下意识地顺着这个方向思考，而不是直接反驳。

　　然而，尽管假定成交法很有效，优秀的销售人员也知道要灵活运用。如果客户表现出明显的不适或抗拒，销售人员应该能够迅速调整策略，回到更早的销售阶段。成功使用这种方法的关键之一是首先建立信任。客户必须感觉到销售人员是真诚的，而不是在操纵他们。因此，在应用这种技巧之前，建立良好的关系和理解客户需求是至关重要的。

Ⅱ / 三分成交法

让我们从一个我们都熟悉的场景开始：星巴克。

当你走进星巴克，面对着菜单上的 Tall、Grande 和 Venti 三种杯型时，你是否注意到大多数人最终会选择 Grande ？这并非巧合。星巴克精心设计了这三个选项，知道大多数顾客会选择中间的选项。这种现象不仅限于咖啡，它反映了人类决策的一个普遍特征：我们倾向于避免极端，选择看似平衡的中间选项。

这种心理倾向在各种商业场景中都得到了应用。比如，在一家高档餐厅，你可能会发现菜单上的主菜分为三个价位：98 元、128 元和 168 元。餐厅知道，大多数顾客会选择 128 元的选项，因为它看起来既不太贵，又不是最便宜的。这种定价策略既满足了顾客对"物有所值"的心理需求，又为餐厅创造了更高的利润。

再比如，在购买汽车保险时，保险公司通常会提供三种方案：基础保障、标准保障和全面保障。大多数人会选择标准保障，因为它看起来既不过于昂贵，又不会让人觉得保障不足。保险公司巧妙地利用了这种心理，引导客户选择他们预设的最佳选项。

在科技产品销售中，这种策略也得到了广泛应用。以智能手机为例，许多品牌会推出同一系列手机的三种型号，如标准版、Pro 版和 Pro Max 版。通过这种设计，品牌不仅能满足不同客户群的需求，还能巧妙地引导大部分消费者选择中间的 Pro 版，这往往是利润最高的型号。

房地产行业同样运用这种策略。地产商可能会在同一个楼盘中提供三种户型：小户型、中等户型和大户型。通过这种设置，他们能够吸引更广泛的客户群，同时引导大多数购房者选择中等户型，这通常是开发商最希望售出的房型。

三分成交法的魅力不仅在于它能引导客户做出特定选择，还在于它给予了客户选择的感觉。这种感觉对于现代消费者来说非常重要。当人们感到自己在做决定时，他们更可能对自己的选择感到满意，并且不太可能后悔。

然而，使用这种方法时也需要注意一些细节。首先，三个选项之间的差异必须明确且合理。如果差异太小，客户可能会感到困惑；如果差异太大，中间选项可能失去吸引力。其次，每个选项都应该有其独特的优势，以满足不同客户的需求。最后，销售人员需要善于解读客户的需求和反应，灵活调整推荐策略。

在实际应用中，三分成交法还可以与其他销售技巧结合使用。例如，销售人员可以先使用开放式问题了解客户需求，然后根据客户的回答，巧妙地引入三个选项。或者，可以结合情景描述法，为每个选项描绘出生动的使用场景，帮助客户更好地理解和选择。

III /Small Yes

在销售和谈判的世界里，成功往往取决于如何巧妙地引导客户做出决定。而 Small Yes 策略，作为一种精妙的心理技巧，正是基于这一原理而生的。这种方法的核心在于通过引导客户做出一系列小的、容易的肯定决定，逐步建立起信任和认同感，最终促使客户在面对重大决策时更容易说"yes"。

想象一下，你走进一家高端西装店。销售员不会直接问你"要买这套一万元的西装吗？"而是会巧妙地引导你经历一系列小决定。他可能会先问："您今天是来看西装的吗？"这是一个简单的 yes。然后可能会问："您平时更喜欢深色还是浅色的西装？"无论你选择哪个，又是一个 yes。接着他可能会说："我们这里有一件很适合您体型的西装，您愿意试穿一下吗？"又一个 yes。在你试穿后，他可能会问："这件西装的剪裁很适合您，您觉得呢？"到这时，你可能已经不知不觉地说了好几个 yes。

这种方法不仅限于实体店销售，在各种商业场景中都有广泛应用。例如，在房地产销售中，经纪人可能会先问潜在买家一些简单的问题，如"您喜欢这个社区吗？""您觉得这个户型的采光怎么样？""您觉得这个位置上班方便吗？"通过这些问题，经纪人不仅收集了有价值的信息，更重要的是建立了一种积极的对话模式，为最后的成交铺平了道路。

在线上销售和营销中，Small Yes 策略也被广泛应用。例如，许多网站会使用一系列小步骤来引导用户完成注册或购买过程。首先可能会问你"想要免费试用吗？"然后是"需要我们发送使用指南吗？"接着可能是"您想查看我们的高级功能吗？"每一步都设计得简单易行，目的是让用户习惯于对这个网站说"yes"。

甚至在日常生活中，我们也经常无意识地使用这种策略。比如，当你想要说服朋友去尝试一家新餐厅时，你可能会先问"你喜欢尝试新的美食吗？"然后可能会问"你这周末有空吗？"最后才会提出"要不要一起去试试那家新开的意大利餐厅？"

　　Small Yes策略之所以有效，是因为它利用了人类心理的一个重要特征：一致性。当我们已经做出了一系列肯定的决定后，我们倾向于保持这种一致性，因为这样可以让我们感觉自己的行为是合理和连贯的。此外，每一个小的"yes"都在潜移默化地建立起信任和rapport，使得最终的大决定变得不那么令人生畏。

　　然而，使用这种策略时也需要注意分寸。如果问题过于明显或者操纵性太强，可能会引起客户的反感。成功的关键在于让这些小问题自然而然地融入对话，真诚地倾听客户的回答，并基于这些回答提供真正有价值的建议或解决方案。

Ⅳ / 限定成交法

　　在现代商业世界中，限定成交法已经成为一种广泛使用且极具效力的营销策略。这种方法巧妙地利用了人类对稀缺资源的本能反应，通过创造"限时、限量、限额"的氛围，激发消费者的购买欲望。这种策略的核心在于利用经济心理学中的"稀缺效应"，让消费者产生一种如果不立即行动就会错失良机的紧迫感。

　　首先，限时策略是最常见的一种形式。它利用了人们对时间流逝的敏感性。例如，许多电商平台会在大促活动中设置倒计时，如"双11狂欢节仅剩24小时"，或者"闪购特惠，仅限今日"。这种时间压力会刺激消费者快速做出决定，因为他们害怕错过优惠。实体店也经常使用这种策略，如季末清仓大甩卖，给顾客一种"现在不买就没机会了"的感觉。

　　其次，限量策略则针对产品数量的稀缺性。奢侈品牌常常推出"限量版"产品，如限量 1000 件的手表或限量 500 辆的跑车。这不仅能提高产品的 perceived value（感知价值），还能刺激消费者的收藏欲望。甚至一些快消品牌也采用这种策略，如麦当劳的"限量版"汉堡或星巴克的"限定"季节饮品，这些产品往往能引发消费者的追捧。

　　再次，限额策略则是针对特定群体或特定条件设置的限制。比如，一些会员制商店会推出"仅限金卡会员"的特惠活动，或者"前 100 名下单者享受额外折扣"。这种策略不仅能刺激消费，还能增加顾客的忠诚度和参与感。

　　在房地产行业，限定成交法的应用尤为明显。开发商常常会推出"首批 50 套特价房"或"开盘当天签约额外赠送车位"等优惠，制造一种稀缺感和紧迫感，促使潜在买家迅速做出决定。

　　旅游业也广泛使用这种策略。航空公司和酒店常常推出"限时特惠"或"仅剩最后几个座位 / 房间"的促销，刺激旅客尽快预订。一些旅行社甚至会设置"限量团"，如"仅此一团，名额有限"，来吸引游客。

　　限定成交法虽然是一种强效的营销策略，但使用时需要慎重考虑多个方面。真实性是首要原则，商家必须确保限定条件的真实性，以维护消费者信任和品牌声誉。同时，需要注意使用频率的把控，过度使用可能导致消费者免疫，降低策略效果。此外，限定策略应与产品或服务的实际价值相匹配，避免因质量与宣传不符而损害品牌形象。限定成交法是一把双刃剑，使用得当可以有效提升销量，但如果使用不当，则可能适得其反，损害品牌价值。

留意你的销售话语

越是接近成功的时候，往往需要愈谨慎的心态，而你的说话必须小心，因为随时一句无心的失言，就可以将你一直铺垫的销售心血付之一炬。说话反映你的心态，每一个措辞，在客户耳中可能有不同的演绎，所以你必须好好注意一些用字，不要让客户因为小小的说话瑕疵，就完全推翻你的销售。请记住，你推销要把能量传给你的客户，故此负面的词汇可免则免：

✗ 不要说"问题" ✓ 试着说"挑战"	✗ 不要说"价钱" ✓ 试着说"投资"	✗ 不要说"购买" ✓ 试着说"拥有"
✗ 不要说"风险" ✓ 试着说"变动"	**销售话语**	✗ 不要说"付费" ✓ 试着说"办手续"
✗ 不要说"合约" ✓ 试着说"确认文件"	✗ 不要说"佣金" ✓ 试着说"服务费"	✗ 不要说"困难" ✓ 试着说"情况"

每一句说话小心为上，到真正成交那一刻，你才可以松一口气，不要因为急于想成交，被自己的胡言乱语破坏辛苦建立的铺垫。同样道理，有些销售人员急于求成，想在最后一刻以减价作招徕，吸引客户购买消费。其实，越减价反而越易有反效果，特别是如果客户已拒绝你之后，你突然减价的话，你的产品 / 服务在他心目中只会变得一文不值。"如果只是付出 ＿＿＿＿，就有机会解决这个难题，不敢断言 100% 成功，但如果有 70% 机会可以解决到，你会试一下吗？"这样的话术避开减价状况，也可以

让客户有心意回转的空间，这难道不是比不断减价更有威力吗？

　　本章节所提到的销售知识只属冰山一角，销售心理学的知识非常多，需要花很多时间才能参透个中一点道理。正如我前文所言，资料是"死"的，人是"活"的，要建立属于你自己的知识系统，再付诸实战之中验证成效，才会知道你自己的销售去到哪一种层次。过去十年，我从不同行业累积了海量销售经验，加上数以千次的实战之下，才融会贯通归纳出以上的销售方程式。看到这本书的你，我很开心你揭到书中的这一页，因为你自此不再需要自己走很多冤枉路去试练，就能学习到我的销售方程式。当然，如果你不好好思考我在这一章节的说话，没有真正去磨炼你的销售能力，那也只会是纸上谈兵而已。故此，我诚心希望看到这里的你，慢慢"消化"上文提到的销售学知识，同时更重要的是，好好拿捏自己的心态。先处理心情，后做好事情是不变的道理，以心态为本、学问为次、实战为末，就是我过往多年不断成长的步履，也是为何我把心态放在本书的开首第一章。作为一名企业家，销售是你必须、必须、必须做好的事情。做生意、追业绩、初创业也好，你的首要责任就是销售。没错，是"责任"来的。销售不是副业，它不是你可以外判出去的工作，它是所有企业最重要的工作，只有做好销售，公司才能够不断吸纳新客户、赚取更多的收入。

　　在我十年的从商之路，我一直抱着"把销售进行到底"的精神，因为这样就能令更多客户愿意相信我、相信我的品牌、相信我的服务。在香港，市场推广公司多如天上繁星，我曾经一度为公司的定位而迷茫，如何才能突围而出呢？在做资料搜集的期间，我发现一个颇特别的情况，大多数的市场推广公司都是以帮助客户取得知名度、取得流量、取得名气作招徕，那么客户具体的生意营收呢？"这似乎不是 Marketing 公司的职责吧！"我其中一个朋友这样说。不过对于信奉销售为本的我而言，我相信"Marketing&Sales"是不应该分割的，所以……我决定以将"市场推广"及"销售"紧紧结合，做一些同行不会做的事情，同时我把我在欧美学到的行销策略知识活用出来，结合自己个人的做生意经验，我发展了一套新的营销架构——LAZY Solution(乐思方程式)，而这套架构更帮我的公司达到千万美元营收，而我决心创立一间突破性的市场推广品牌，为行业带来正面的冲击，这个品牌就是

LAZY Marketing

　　本片将带您深入了解这家迄今为止，唯一一家在美国市场取得销量突破的中国市场营销公司。

3.1 用最懒方法换取最大实效

曾经何时，我工作一事无成，每天也浑浑噩噩，事业上毫无方向感，每个月赚取微薄的收入，只能在香港社会"生存"，而没有真正的"生活"。后来我大胆踏入保险界，起初是连足够糊口的收入都没有，头 3 个月只签到一张保单，直到后来真正下定决心每天去研究销售学及每日坚持见十位客户试练，我的销售水平才有了"质的飞跃"，领悟出一套专属自己的销售方程式，我的保险事业才蒸蒸日上。在保险业累积了资本、人脉、技巧之后，我向着更宽大的目标进发，所以决定跳出舒适圈自行创业。踏上未知的商业阶梯，每走一步都要承受难以预料的生意风险，当时我深怕做生意时"一子错满盘皆落索"，而且不知道哪个行业最适合自己发展，我必须先找到方向。所以，我花了大量时间，不断到书局、图书馆等地方"打书钉"，阅读五花八门的商业书籍，深化自己的商业知识；其后，我报读了许多经济学、商业学、成功学的大师课程，花费超过二百万港元的学费，跟随国内及国外著名营销大师学习，包括安东尼·罗宾、乔·吉拉德、罗伯特·清崎等，突破了我以往的市场推广及营销认知，使我接触到欧美各地近年兴起的行销漏斗知识；后来，我在北京攻读 EMBA 及法律，同时我尝试活用网络优势在线上创业，享受到突破地域及时间限制，随时随地在网络达至成交的优势，当时我跟其他城市的合伙人，经营不同领域的网上生意，并同时担任 2 家上市公司的线上营销顾问，这段半工半读的从商生涯，让我明了"节省时间成本"的重要性，不要盲目用劳力换取金钱，反而要善用自己的时间，将工作绩效扩至最大，用最少时间换取最多成果，也就是这段时期的知识增长，使我更透彻地悟出"懒"的奥义——**偷懒不一定是负面的，亦可以是一种智慧的体现，**其实越懒的人，才越有"生活智慧"，会想出越多的法子，让复杂的事情变得简单，并且达到想要之效果。没错，将这种"懒"的奥义应用在工作之上，也许能进一步刺激人的工作效率吧！于是乎，将"懒"与工作结合的想法从此在我心里埋下了种子，等待着萌芽的契机。十年来的生意及销售历练，让我累积了大量的方法和经验，发现市场推广的商机与弊病，于是我萌生革新 Marketing 界别的念头，并将之与我对"懒"的启悟融合：

用最懒方法换取最大实效

世界上懂得运用智慧的人，不一定是高才生，反而是经常偷懒的人，他们会绞尽脑汁去"贪方便"，节省自己需要使用的能量、力气、成本。人类如果不是为了偷懒，又怎会推出这样多科技来简化所有东西，让自己生活得更舒服呢？绝大多数人心里都有一条"懒筋"，能不出力的事情就不太想出力，所以我们日常生活才有这么多方便偷懒的配套，例如你不想走太多路，你会选用电动滑板车代步；你不想长期用手拿着电话通电，你会选择使用免提耳机；你不想花太多时间去看整套电影及电视剧，你会选择在网上看电影解说的影片，快速观看大概内容……自互联网科技越来越发达，人类社会越来越想一切都变得方便，所以"XX 懒人包""懒人神器"这些产品大行其道。也正因为人喜欢懒，我们会设计更多科技来帮助我们把所有东西都简化，务求用最少的付出，使自己每天生活越来越舒服，这种追求间接推动了科技的进步，iPhone 正是结合了听歌、上网、打电话的功能，成立革命性影响市场的产品，也改变了整个世界的生态。"懒"，乍看之下是一个贬义词，但你仔细一想，就知道"懒"随时是人类追求进步、追求创新、追求改变的源动力！

乔布斯以他的理念创出 iPhone 改变世界，我不是乔布斯，我也未必有乔布斯的能力及才华，但我相信我和乔布斯都是同一类人——希望改变现状的人。我的性格告诉自己，我很想在这个行业作出创新，关键是我需要一个好的"突破点"。

3.2 让名字作出突破 - LAZY Marketing

我的革新理念，是将 Marketing 与"懒人智慧"相结合，提供一种更加高效率、更加省时、更加省力的市场推广策略，让更多的企业家和市场人士受益。对此，我开始着手创立一个新的品牌，这个品牌将专注于提供最简单、最容易实现的市场推广方案，让客户能够在最短时间内达到最大的效果。为了达到这个目标，我开始招募一些有经验的市场推广专家，与他们不断开会计划未来，让他们学会如何将懒人智慧应用于市场推广中。这些专家掌握了一些独特的技巧和策略，例如如何运用社交媒体平台进行营销、如何运用自动化工具减少重复性工作、如何使用数据分析优化营销，等等。

"名字呢，公司叫什么名字？"

"要设计一个名字，够爆够抢，又容易让客户记得！"

"我们是顾问公司，不如叫 XX Consuliting 吧。"

"首先针对什么行业好？保险？直销？美容？"

"我们的目标客户群体究竟是谁？是刚起步的小企业，还是已经有一定规模的中型企业？"

......

以上的问题，当时我和一班战友都多次讨论，大家各持己见，都不知道怎样确立方向。后来我觉得太烦恼，心想如果有一间 Marketing 公司能帮我处理这些令人烦厌的工序就好了，让我可以好好偷懒……

"咦！既然我想有一间公司像哆啦 A 梦的百宝袋一样，为我解决所有讨厌的烦恼，为什么我不自己创立一间这样的公司。既然我开宗明义想偷懒，何不直接将公司命名为偷懒的 Marketing 公司呢？"

LAZY Marketing 的名字迅速浮现在我脑海中，好，就用这个名字！合伙人听到这个公司名称，一致认为这是一个容易让普通人记得的名称。从此之后，LAZY Marketing 注意要做一些行内其他公司不会做的事情，我们决心专注于提供最简单、最容易实现的市场推广方案，让客户能够在最短时间内达到最大的效果，我们的服务对象是那些缺乏时间、没有经验或资源的企业家和中小型企业，他们本身已花大量精力在运营生意之上，如果再花心力去做市场推广，随时反而令效率更低，倒不如由 LAZY Marketing 为他们提供方案，一站式解决他们面对的烦恼。当时我们很快已决定，会提供一系列的市场推广服务，包括漏斗营销、社交媒体营销、SEO、PPC 付费广告、网站设计和开发，等等。我们的目标是为客户提供最简单、最容易实现的方案，让他们能够在最短时间内看到最大的效果，同时最大化他们的投资回报率，又 Lazy 又能够赚取 Money！不过，市场推广服务并不特别，LAZY Marketing 不想"人做，我们也做"，服务是次要的，最核心的事情，是我们的想以哪一种"理念"来征服市场。

这个理念，就是我在海外学师后，结合我多年创业心得而成的理念——

指向型营销

指向哪里？

是"流量"；

是"成交"；

是"赚取收入"！

如何达到这个"指向"？

重点是，我们把 Marketing 和 Sales 紧紧结合，做好线上的步骤，直接为客户创造真真正正的生意！

以下是香港新闻对我们独特采用的指向型营销作出采访及实例讲解

3.3 让理念作出突破 – 指向型营销 Directional Marketing

销售从来不易，这点你我早已知，要将陌生客户从完全不认悉你的品牌，引导到他们愿意一口气购买你的产品及服务，这绝对是极具挑战性的事情。然而，我决心要挑战这样"不可能的任务"，为我们的客户在 Marketing 方面得到大量关注及曝光之余，更能够直接刺激它们的销售额，甚至可以说，我们比客户更紧张每个市场推广项目,究竟能否做得成生意,这就是我们的"指向"！在现今的商业世界中，Marketing 和 Sales 都是至关重要的一环。Marketing 是一个广泛的概念，它涵盖了推广产品或服务的所有方面。而 Sales 是指通过与潜在客户建立关系，促进产品或服务的销售，这两者的结合对于一间公司能否可持续地发展可谓至关重要。

把 Marketing 和 Sales 连为一体，这在香港的市场推广界别是独具一格的。综观香港的传统 Marketing 公司，不乏以品牌策划为主、以户外广告为主、以大型展览为主、以争取曝光度及知名度为主……，就算是有所谓的 Growth Marketing，透过线上渠道的曝光来跟目标客户群互动，相对之下较传统 Marketing 公司更注重获取客户资讯和提升转化率，但其实都不是保证能为客户创造新的生意成交。市面上很多公司在进行 Marketing 和 Sales 时，常常将它们拆开来进行。市场推广部门通常负责创建品牌形象、推广策略和吸引潜在客户等工作，而销售部门则负责实际的销售

和与客户的互动。这样的安排，对于大品牌、大公司来说，确实
能够起到分工及提升效率的作用，然而对于中小型企业、初创企
业来说，这样的分隔可能会对公司的营收产生不良影响。因为，
Marketing 做得出色，可能会吸引到许多潜在客户，但如果公司
没有强大的销售员作为配合，这些潜在客户往往难以被转化为实
际的销售。这种情况会导致公司浪费了大量时间和金钱去吸引潜
在客户，但无法实现销售业绩的增长，Marketing 部门和 Sales 部
门之间一旦缺乏协调和沟通，长久会进一步加剧这种问题，对于
短期内想扩大规模的中小企业来说绝非好事。因此，中小型企业
应该将 Marketing 和 Sales 部门整合起来，以确保潜在客户能够顺
利转化为实际的销售。具销售力的市场推广策略可以帮助吸引到
更多的潜在客户，同时，销售团队的强大力量可以确保这些潜在
客户能够被转化为实际的销售，进而提高公司的营业额。例如，
公司可以通过为销售团队提供 Marketing 部门创建的高质量销售
优先名单，帮助他们更快地找到有潜力的客户并与其建立关系。
此外，Marketing 和 Sales 团队之间也应该建立有效的沟通和协作
机制，以确保整个销售过程的顺利进行。这样的整合可以使公司
更加高效、有效地利用资源，提高销售业绩和客户满意度。

　　以上情况不独出现于中小企，甚至连一些国际企业也意识到
问题的严重性，于是将 Marketing 和 Sales 结合起来。巨型企业苹
果就是代表者，他们通过设计引人入胜的产品和强大的品牌形象，
成功地吸引了大量的潜在客户，由你接触到苹果产品的一刻，他
们会引导你到网站或者实体店消费，将潜在客户转化为实际的营
收，并且有一大班"忠实果粉"。我在创立 LAZY Marketing 的时候，

就花了大量时间去研究苹果的成功之处，再将我的观察结合在实际的市场推广服务之上，配合我创业期间的实战经验，慢慢汇聚成我自家的"指向型营销"理念。我们相信只有这样，一家市场推广公司才能真正帮助客户找到生意机会，并实现商业上的成功。

"指向型营销"正是针对以上将 Marketing 和 Sales 割裂的情况而设，透过建立一套"一条龙引导"的架构，有效地将 Marketing 和 Sales 结合起来，从陌生客户接触到你广告，环环紧扣地引导客户不断采取行动，最终达至消费及成交，为企业带来真正的生意收入！这里所提到的架构，就是我引以为傲的营销架构——

LAZY Solution 乐思营销方程式

3.4 让架构作出突破 – 乐思营销方程式

懒人智慧不仅仅是一种生活方式，更是一种商业策略，能够帮助我们在市场推广中更有效地运用时间和资源，实现最大化的效果。为了达到更好的效果，LAZY Marketing 也不断地改进自己的服务和策略，将懒人智慧应用在市场推广之中。在运营这家公司的过程中，我深深体会到了"懒人智慧"的力量。我们的乐思营销方程式不仅简单易用，而且效果非常显著。许多客户都得到了很好的成果，他们的业务得到了快速增长，同时也节省了大量的时间和金钱。为了达到更好效果，LAZY Marketing 也不断地改进自己的服务和策略。我们不断地学习和研究，找到更多的懒人智慧，将之应用于我们的市场推广方案中。我们也与其他公司合作，分享我们的知识和经验，帮助他们达到更好的效果。

作为一位企业家，你可能经历过以下的行为：

· 不断尝试，不断犯错；

· 等待运气到来，认为在恰当的时机，顾客就会蜂拥而至；

· 凭借个人力量，采用不同的宣传方法，盲目试探，以期待快速增加业务；

· 最终只得到了失败的结局。

我遇到过 99% 的老板，为什么他们需要做市场推广？因为他们对目前的生意状况感到不满，想要创造新的业绩。当你每天忙碌不已，承受着无尽的压力，为整盘生意感到超级苦恼，因为你不明白，为何自己这么努力，却好像仍然找不到一套"法门"，既能让生意可以稳定发展，又能令自己过得舒适一点，追求自己想要的东西，比如赚取更多的收入、拥有更多的自由时间、有更多的时间陪伴家人、有更多的时间去旅行……

如果你有一份引领着你如何做到这些的蓝图，你肯定会感到舒服多了。这就是为什么我和一班同事努力设计乐思营销方程式，这些架构是我多年来"试完又错、错完又试"后归纳出来的心得，我和一班战友努力寻找不同的线上营销工具，花了很多时间研究市场，了解客户的需求，并开发了一系列的 Marketing 和 Sales 工具，包括社交媒体研究、广告策略制定、着陆页的优化、电邮营销、制造前有未见的巨大陌生流量，等等！乐思营销方程式是我们战斗多年的心血结晶，它的存在就是为了让不同企业家（特别是中小企老板）营运生意时可以更加懒、更容易、更多收入、更开心、更有发展前景。这是一场对 Marketing 的改革运动，我们很想创出新潮流，不但为自己公司取得突破，也为客户及各位企业家取得突破，追求更美好的生活。由此而知，乐思营销方程式架构内的每个细节，是由我们多次实践以及与多个客户的合作后研究而成的。我们的目标是以"生意成交"为导向，我们不关心外界对 LAZY Marketing 的评价，我和我的同事都只是专注于同一个目标——你（公司）的成功。不过，在 LAZY Marketing 过去几年发展的历史之中，我们协助过百家公司客户，由大型知名品牌到初创企业，当中我留意到一个很多老板都有的通病，就是他们对 Marketing 没有准确的认知，结果产生错误的预期。

第一，很多老板花浪费大量时间在网上寻找"成功的做生意方法"，观看很多所谓的"营销大师"的课堂或短片，又或者亲身参加线上讲座、参加课程，接着又到处去学用不着的工具，以为学会了这些工具就等于掌握了营销知识，之后可能又发现另一位"营销大师"讲的东西好像更有道理！然后就跟着风摇摆去学另一位"营销大师"的知识，结果导致自己越来越乱，不知道自己的生意方向是什么，更不知道为什么要为自己的品牌做Marketing！因此，我们希望你能够停下来，冷静思考一下。如果你真的想要推动生意的发展，你需要一种更可持续的方法。这就是LAZY Marketing最擅长的领域，我们不想你浪费时间在无用的资讯上，我们会为你制定正确的指向型营销策略，让你的生意更加成功。甚至可以说，我比我大部分客户，更加紧张他们的营收，因为我极度渴望让乐思营销方程式能够在香港市场上掀起热潮。

第二，很多老板以为Marketing跟销售无关，胡乱浪费了很多资金。坊间的市场推广公司，好多时候把Marketing当作一个赚钱的项目，用五花八门的工具，或者制作很多精美的图片、影片、海报、报告，借此来告诉客户，他们正在为客户做推广，让客户感觉这些公司很专业。不过，这些市场推广公司其实可能不太重视客户的真正营收，它们认为"我们已做好Marketing这个任务了，Sales不是我们负责的范畴。"结果只懂为客户花钱，不懂为客户创造更大的收益。事实上，市场推广本身只是手段，让品牌有更强知名度、更高认受性、更大影响力，但最终的指向，绝对是要以达成做生意为目标，一家没有收益，只懂花钱市场推广的公司会有怎样的命运，当然是倒闭收场吧。所以，如果你的公司交托给坊间的市场推广公司做Marketing，它们为你设计美轮美奂的宣传也好，或者在社交媒体疯狂为你产出帖文也好，甚至在户外印制超巨型广告也好，这些都是花钱的项目，但未必一定可以为你产生生意营收，这就正是把 Marketing 和 Sales 割裂所做成的负面影响。长久以来，香港市场一直都习惯于把 Marketing 和 Sales 割裂，导致大部分老板以为做市场营销等如"烧钱"，其实是对 Marketing 一种误解。

　　第三，我们发现，除了香港外，中国内地 99% 的中小企业老板对海外营销缺乏深入了解。很多人误以为懂得跨境电商就等同于懂得海外营销，但实际上，跨境电商只是将商品上架到海外电商网站，如亚马逊等平台。这种方式存在明显局限性：你永远无法吸引额外的客户，只能吸引到主动搜索你产品的人。更糟糕的是，在这些平台上，客户很容易看到你竞争对手的产品，导致价格战愈演愈烈，最终利润微薄。

　　更重要的是，跨境电商在海外销售方面存在一个重大限制：它主要针对实体商品。然而，中国其实拥有大量可以外销的虚拟商品和服务，这些在传统跨境电商平台上往往被忽视。例如，中国的网上课程在国内可能只需几十元人民币，但在海外市场，同类课程的售价可能高达一万美元以上。此外，中国的服务性行业，如会计、法律、市场推广等，在跨境电商平台上无法直接销售，但这些服务在海外市场有着巨大的需求。想象一下，一个有意进入中国市场的美国企业，他们首先需要咨询中国律师了解在中国行商的法律程序，然后必须与中国的会计和税务公司合作完成开公司和报税流程，之后还需要中国的市场推广公司帮助他们设立微信公众号等本地化营销渠道。这些需求都代表了巨大的市场机会，但传统跨境电商模式根本无法满足。

　　真正的海外营销是一个庞大而复杂的体系，涉及多个环节。从社交媒体运营，到引流技巧，再到建立属于自己公司的海外网页并直接实现销售，这是一个有序的过程。然而，令人惊讶的是，在中国内地，竟然很少有完整的海外营销解决方案，尤其是针对虚拟商品和服务行业的解决方案。而乐思营销方程式在香港已证明了其在海外网站销售中的有效性和简便性。它提供了一套清晰、易懂、可操作的海外营销策略，不仅适用于实体商品，也同样适用于虚拟商品和服务行业，帮助中小企业突破地域和行业限制，在全球市场中占据一席之地。

　　作为一名老板，我绝对明白一个生意人的彷徨和压力，如果公司贸贸然花了一大笔钱做推广，但最终得不到任何实际的生意营收，与倒钱入大海毫无分别，但如果公司不做任何推广，市场上无人认识，又怎样能扩展网络，寻找更多商机呢？"是不是没有一个两全其美的方法？"我有段时间每天都这样反问自己，结果我发现，只要把 Marketing 和 Sales 好好结合，就可以有效应对以上烦恼。做市场推广并非"烧钱"，你要做得有市场触觉，就能为公司带来更多利益，而这种触觉绝对与销售有关，因为销售是根据客户的需要来做，当你是一个顶级的销售员，意味着你同时是一个善于解读客户需求的高手。将"销售"放入 Marketing，不止为了赚钱，同时要为客户设计出有销售力的市场方案，协助客户把产品/服务推销出去，这样你和客户都有营收，两者达到双赢之局面。LAZY Marketing 的"生意成交"指向，就是 Marketing 和 Sales 合成的指向，我们 LAZY Marketing 善用每项工具，背后都有一个理念，就是活用工具带来营收，不是为了用工具而用工具。换言之，我们不会只是为了出帖文而强行使用社交媒体，我们是为了创造收入才使用社交媒体；我们不会只是为了有一个网站而为客户制作网站，我们是为了创造收入才制作网站。

在这种指向之下，乐思营销方程式，透过环环紧扣的步骤，在不同阶段都做好销售，不断唤起陌生客户采取行动的意识。过程中我们会有很多小秘诀，包括简化美术设计流程、使用令客户毫无抵抗力的文案、制作挑动客户行动的广告、建立高销售力的社交平台、制作简洁有力而又突出主体的着陆页，拍摄有力攻陷消费者的价值影片……以上每一项看似简单的东西，背后都是我和我团队多年实战出来的经验。在 2020 年，我们曾经只用 6 万广告支出，就为自己公司旗下的一个网上虚拟产品带来逾 300 万港元生意，其后我们把这套架构移植到客户身上，也创出极之可观的营收数据。换句话说，乐思营销方程式是一个科学化的高销售力架构，由我和团队的经验、实战、血汗所建成，绝对是一门宝贵的技术，也是一套高回报的——

销售机器

　　"销售机器"的威力在于，它可以全自动地协助客户把产品／服务推销出去，完美地打破时间、地域、国界、天气的限制，风雨不改地把你的生意不断推广出去，吸纳海量陌生客户。

3.5 让客户作出突破 – 以客户认知决定销售力度

当然，这部"销售机器"在启动之前，也需要让客户透彻地了解自己的销售需求。因此，作为老板也好、作为市场推广部门负责人也好，在正式为一门生意做营销的时候，你必须先为制作一个销售金字塔，这个金字塔的 3 个角为：

· 客户的认知程度
· 客户对目标的渴望程度
· 销售员的销售力度

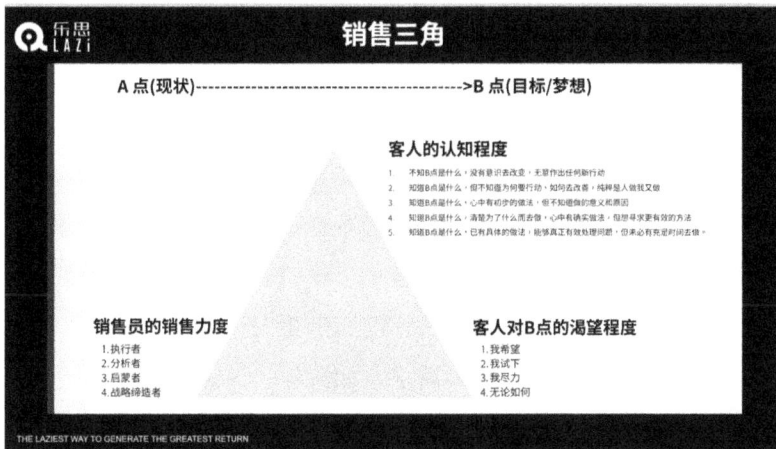

销售三角

A 点(现状)----------------------------------->B 点(目标/梦想)

客人的认知程度

1. 不知B点是什么，没有意识去改变，无意作出任何新行动
2. 知道B点是什么，但不知道为何要行动、如何去改善，纯粹是人做我又做
3. 知道B点是什么，心中有初步的做法，但不知道做法的意义此原因
4. 知道B点是什么，清楚为了什么而去做，心中有确实做法，但想寻求更有效的方法
5. 知道B点是什么，已有具体的做法，能够真正有效处理问题，但未必有充足时间去做

销售员的销售力度

1. 执行者
2. 分析者
3. 启蒙者
4. 战略缔造者

客人对B点的渴望程度

1. 我希望
2. 我试下
3. 我尽力
4. 无论如何

THE LAZIEST WAY TO GENERATE THE GREATEST RETURN

（A）客户的认知程度

在为客户制定营销策略之前，要先弄清楚客户的认知程度，不了解他的痛点或者他正面临的困境，就很难针对问题来对症下药，绝对做不了准确的营销。故此，在我们的"指向型营销"当中，与客户作了基本的沟通之后，必须摸清客户的认知程度，我

们才会部署下一步的营销策略，否则只会"死马当活马医"，无办法做到有效的行销。

要如何弄清楚呢？我们会把客户的认知程度分为 5 个层次：

客户的现况，我们称为 A 点。

客户的目标，我们称为 B 点。

1. 不知 B 点是什么，没有意识去改变，无意作出任何新行动。

2. 知道 B 点是什么，但不知道为何要行动、如何去改善，纯粹是人做我又做。

3. 知道 B 点是什么，心中有初步的做法，但不知道做的意义和原因。

4. 知道 B 点是什么，清楚为了什么而去做，心中有确实做法，但想寻求更有效的方法。

5. 知道 B 点是什么，已有具体的做法，能够真正有效处理问题，但未必有充足时间去做。

根据这 5 个层次，我们可以为客户归类，从而决定对他们采取什么行动。比如对着第 1 类客户，我们首要的不是给予他方法和计划，也无须指导他如何做，反而是要先让他认识到产品及服务的必要性，唤起他的相关需求，加深他的认知，并且让他对你产生信任感。

在我的客户当中，第 2 和第 3 类的客户最为常见，他们是"为了做 Marketing 而做 Marketing"，不明白做 Marketing 的意义何在，结果只是盲目地、胡乱地尝试，满以为很快会见效有成果，好似看到其他人在 Facebook 放广告，他们又花了不少钱去放广告，但由于自己对相关的事情一知半解，反而白白浪费了很多金钱。

俗语说"小数怕长计"，他们不敢投放一笔资金给市场推广公司去做营销，以为靠自己的判断就可以取得成果，最终不断浪费很多无谓的支出，但又一直没有任何效果可言，到头来最终又是要找一家 Marketing 公司协助，间接变成"重复的支出"。同样地，我相信你们无论是那个行业，都必然后有这种"为买而买，不知意义"的客户，而这些客户大多是在 B to B 的。

至于面对第 4、5 类客户，他们本身对市场推广工作有一定的认识和把握，那么我们就不用花太多工夫来解释每项工作的意义和目标，直接为他们找出最有效、最能够找到更多生意的方案给他们即可，也正是这两类客户对营收有最高要求，所以他们最适合使用整套乐思营销方程式。

（B）客户对目标的渴望程度

作为一家 Marketing 公司，我们固然为客户更紧张他们的生意和回报，但有时候会遇到一些"踢极都唔郁"（事不关己、无动于衷）的客户，我们有我们着急，他却好像无关痛痒般，不想跟进任何事务。要避免这种情况对你公司造成负担，在与客户磋商洽谈的初始阶段，我建议先做少许背景调查，了解一下客户的目标的渴望程度，通常我会把客户对目标的渴望程度分别 4 级。见微可以知著，单凭与客户磋商洽谈的对话时间，根据他所说的一言一语，其实已经可以大约预计出他属于以下哪一级了：

第1级渴望客户 最常说的话——"我希望、希望吧！" 暗里反映出：他认为达不到B点也没有大问题	第2级渴望客户 "我试一下，但是……"（不肯付出） 暗里反映出：他愿意行动，但明显不想有太多付出
第3级渴望客户 最常说的话——"我尽力吧。" 暗里反映出：他愿意行动，也愿意付出，但不是100%的决心，为自己留有后路	第4级渴望客户 最常说的话——"无论如何都要把事情做到。" 暗里反映出：他拥有破釜沉舟的决心，确实具有企业家精神，愿意冒险

从以上4种渴望程度可知，一个客户对你说的话，绝对反映他背后对推动一件事的决心和力量有多大。如果客户是属于第1级渴望，我建议你必须激发他的渴望，刺激他去推动整个市场推广项目，否则只要营销中途遇到任何难题，他很容易就会放弃，或者无心去揾更多生意，甚至把责任推诿到你身上。然而，若遇到第4级渴望客户，那么我们可以为他订立详细而又具冒险性、挑战性的市场推广项目，奋力去把事情推到极限，合力争取前所未有的成效。

（C）销售力度

当你大约判断出客户的认知程度和对目标的渴望程度之后，是时候决定你的销售力度了。正如我前文所言，Marketing和Sales是不应割裂的，当客户愿意花一大笔钱去做市场推广，他绝对不只是想纯粹有人关注，而是要追求实打实的生意营收增长！所以，了解完你的客户处于什么认知程度和渴望程度之后，就是度身打造一套合适其业务的营销方案，你可以从以下4级力度入手：

---

1 级力度 – 执行者

■ 客户要求什么产品或服务，就为了签单而立即提供，不深入了解客户需求，也不确认该产品或服务方案是否真正适合客户。仅仅是按照客户想法行事的执行者。

---

2 级力度 – 分析者

■ 通过分析客户业务的利弊，指出其现有不足，使客户意识到当前想法可能并非最佳选择，并提出相应的新方案。

---

3 级力度 – 启蒙者

■ 在指出客户不足后，提供切实可行的新方案，并辅以充分的数据、市场分析和案例支持。同时阐明每个步骤背后的原理，提升客户对您所在行业和产品的认知，使其倾向于选择您提供的方案，而非固守己见。

---

4 级力度 – 战略缔造者

■ 向客户阐明 B 点仅是中间站，还有更远大的 C 点可以追求。创造新的愿景和目标，这是顶级营销者常为客户量身定制的方向。同时让客户了解，为了共同达成 C 点目标，您将制定出令客户耳目一新的策略和服务，从而成为客户的长期供应商，甚至长期战略合作伙伴。

负责营销的你，这刻就可以因应客户的情况，去判断采取什么销售力度。若果客户已经有初步方案，他已大约想好如何由 A

到 B，并且深信自己的方法是可行的，你就应该要加强力度至第4 级，引发他对你的营销策略的兴趣。

根据以上 3 项元素，你可以为客户制定一个销售金字塔，决定为他进行什么程度、什么要求、什么力度的营销。只要他知道自己的 A 点和 B 点后，我们运用"指向型营销"的方向，绝对可以引领他到达 C 点，创造更宏大的营商目标及愿景。销售金字塔除了让你了解客户更多，同时是让客户了解自己更多，知己才能知彼，他往后的市场推广工作更能够事半功倍。好吧，一切准备就绪，是时候为客户启动这台销售机器，也正是我一直致力去作出突破的概念。

借着销售带动市场推广

3.6 让行业作出突破 – 市场推广结合成交

在我几次创业期间，我一直抱着要"把销售进行到底"的精神，因为这样就能令更多客户愿意相信我、相信我的品牌。乐思营销方程式是一套高利润的销售机器，每一个部分都很重要，都是经过科学化计算而得出的步骤，每一个行为都是以销售作为指向。可以说，作为企业家的你，必须把销售思维铭记在心，才可以把Marketing 推上更高层次，为自己的生意带来真正的效益。这条高效的海外销售方程式，之所以这么强大，主要体现在 4 个方面：

1/ 极速见到效果

一旦你采用乐思营销方程式，只要你按着我们的指导，90日内可以为你带来庞大潜在收益，让你每一分、每一毫的市场推广成本，都会得到相应的回报，速度。

2/ 成本便宜

传统的市场推广需要天价广告成本，以及无穷无尽的人力资源，乐思营销方程式反其道而行，采用自动化的销售架构，节省不必要的支出，往后的营运成本随时间增长而变得越来越便宜，具有长期效益。

3/ 没有时间限制

正如近年流行的全天候健身室，24 小时不断运作的东西是最吸引市场的。乐思营销方程式无时无刻在运作，打破时间、地域、国界、天气的限制，每分钟都为你拓展潜在客源。

4/ 适合任何行业

对于初创或中小企而言，怎样去制定适合自己的市场推广策略，绝对是一门学问。幸而，乐思营销方程式是一个在各行各业都有效运作过的营销架构，无论你生意的规模、营业额、行业种类是怎样都好，它亦可以 100% 套用其中，有效运作。接着下来，我会为你介绍乐思营销方程式的细节，以及每个步骤是怎样运行操作的，让你更了解当中的销售威力。

不妨大胆说一句，绝大多数你在网上学到的市场推广资讯，不论是国内还是海外的方法，其实都是"烟幕"来的，没有人跟你说出真正的事实是什么。原因很简单，市场推广公司不想让客户觉得，他们的工作的架床叠屋的，故此他们要把事情弄得很"专业化"，有很多很多专业词汇，说出很多很多的详细数据，但最终未能够为客户带来实际的营运收益，这对于老板来说才是致命。我也是一名企业家，我感同身受，直白地说一句，不能为我赚钱的 Marketing 做来干什么呢？在网络世界，很多时都面对广告投标竞争例如在 YouTube 的影片广告在竞争、在 SEO 上的排名竞争、在 Facebook 下广告的竞价等，每一样都是要付费的。如果你想将陌生流量转化成实质客户，单纯运用这些竞争竞价策略的话，绝对会浪费你很多金钱。

据统计，大部分的广告，只能吸引 3% 本身已有购买动机的客人，但更大的市场是剩下的 97%，这些广告若未能吸引或转化他们，你的市场推广无疑是"倒钱落海"。故此，在你决定要做推广之前，你需要先了解你的目标客户，他们有什么痛点和挑战？他们最大的恐惧是什么？他们会在对网上的什么资讯有兴趣？他们的日常生活是怎样的？换言之，你要先代入客户的角度，想想潜在客人究竟有什么爱好、兴趣、习惯、消费模式，再投其所好地下广告，才会令效益稍为有改善。不过，如果你是一名老板，你根本不会有这么多时间去做以上的工夫，所以你绝对需要一个可以为你处理所有市场推广事宜、让你专心集中个人事情的Marketing系统，来为了实现你的目标之余，又可以为你减轻工作量，让你的生意安心感受实际的营收增长。乐思系统的出现，正好能有效为你带来以上的效果。

看到这里，相信你已经知道什么是最有利做生意的市场推广架构，而这套架构绝对是你的好帮手。接着下来，这套架构具体是怎样运转的？让我拆开每一个步骤来介绍，让你在这一个章节，清晰知道乐思营销方程式的威力吧！

LAZY Solution 乐思营销方程式

4.1　24 小时海外自动营销机器

传统的一对一销售方式虽然可以带来不错的收入，但它有其固有的局限性。一天只有 24 小时，能打的电话、敲的门都是有限的。仅仅依赖这种传统方式，很难真正实现财务自由，更别说在国际市场上取得突破性进展。

要想在财富积累上取得突破，并在全球市场上站稳脚跟，需要建立一个自动化的销售系统。这个系统能够不间断地、大规模地向全球潜在客户传递销售信息，每天 24 小时，每周 7 天，全年 365 天不停歇。想象一下，当你在半夜 3 点钟睡觉的时候，你的营销信息正在下午 3 点钟的美国、欧洲或澳大利亚不断传播。当你与家人共进晚餐时，海外的潜在客户正在了解你的产品。这种不受时差限制的营销方式，就是我们中国企业家要通往全球市场的大门。

在这个自动化系统中，精心设计的营销方程式就像是一支微型销售士兵大军。而各种国际广告平台，如 Google 广告、Facebook 广告、YouTube 广告等，则是这些销售战士的载体。它们能够自动、反复地向全球受众传递你的信息，而你无需付出额外的努力。

值得注意的是，传递销售话术的技术平台会不断演变。从最早的报纸、邮件，到电视、互联网，再到现在的社交媒体平台如 Google、Facebook、LinkedIn、YouTube、Twitter 等，这些载体只会不断越来越多。虽然传递方式可能会突然且彻底地改变，但你在信息中注入的核心内容—基于世界级销售技巧和人类心理学的营销步骤—将永远保持其价值，无论是针对国内市场还是国际市场。而这个营销技巧和步骤则透过此方程式来显现：

这是在海外市场建立 24 小时自动营销机器的基础概念，亦是乐思营销方程式的雏形，在图中展示了从流量获取到最终成交的整个过程。

想象一下，如果你的 Facebook 或 YouTube 广告被来自全球各地的 20 万人观看，那就相当于你有 20 万次机会向潜在的国际客户展示你的销售话术。这是 20 万个独立的潜在客户通过一对一沟通看到和听到你的广告。而根据我们过往的经验，付费广告转化至你落地页是 2.35%。试举个例子，如果你是一位导师或专业人士，你在线上卖的是 99 美元的 30 分钟咨询服务，那么你的总收入将会是多少呢？

让我们逐步计算你可达成的收益：

从广告到落地页的转化：

200,000 × 2.35%=4700 人到达落地页

落地页的三个转化路径：

a) 电子邮件营销路径：

$4,700 \times 10.5\% = 493.5$ 人进入电子邮件序列

$493.5 \times 3\% = 14.8 \approx 15$ 人最终成交

b) 一次性下单页面路径：

$4,700 \times 20\% = 940$ 人到达一次性下单页面

$940^* \times 8\% = 75.2 \approx 75$ 人成交

c) 视频销售页路径：

$4,700 \times 20\% = 940$ 人到达视频销售页

$940 \times 60\% = 564$ 人进入查询预约系统

$564 \times 15\% = 84.6 \approx 85$ 人成交

总成交人数为约 175 人

如果你卖的是 99 美元的 30 分钟咨询服务，那么你这个月在线上的总收入即是：

$175 \times \$99 = \$17325$

现在，让我们考虑广告成本，根据 2023 年的数据表示，要达成 20 万次的线上展示成本：

Facebook：$800 到 $1600(每千次展示费用：在 $4 到 $8 之间。)

YouTube：$2000 到 $3600(每千次展示费用：在 $10 到 $18 之间。)

我们可以计算平均情况（取中间值）：

平均广告成本 =($800+$1600+$2000+$3600)/4=$2000

平均利润 =$17325–$2000=$15325 美元

这个案例还没有计算你在社交媒体（8% 转化率）及搜索引擎优化（12.5% 转化率）上获得的免费转化收益。这些额外的渠道可能会带来更多的客户和收入，进一步提高你的总体利润。

通过这个自动化的营销漏斗，你可以将 20 万次广告展示转化为约 175 个 99 美元的法律咨询服务订单，产生超过 $17,000 的收入。即使在考虑最高的广告成本的情况下，你仍然可以获得可观的利润。这个系统的强大之处在于它可以 24 小时不间断地在全球范围内吸引和转化潜在客户，为你的法律咨询业务创造持续的收入流。通过不断优化每个环节的转化率和选择最具成本效益的广告平台，你可以进一步提高系统的效率和盈利能力。

在当今全球化时代，获得国际流量已经不是真正的难题。通过 Google 和 Facebook 等平台，企业家只要付费，就可以相对容易地获得来自世界各地的大量流量。真正的挑战在于如何提高国际客户的转化率。许多企业错误地认为自己面临的是流量问题，但实际上他们面临的是转化率问题。这就是为什么建立一个针对全球市场的 24 小时海外自动营销机器如此重要。因为在获得流量后，背后每个步骤的建立才是把转化率拉高的重点。而这个就是指向型架构的真谛，亦是乐思营销方程式所带来的魔法。接下来让我们看一看透过乐思营销方程式所建立的实例线上赚钱例子，展示如何通过 Facebook 广告和精心设计的销售漏斗，在短短半年内实现百万美元级的收入增长。

在 2021 年末，我在发布了一系列的网上课程，主要内容是教导广东话市场的华人企业家如何在网上使用乐思营销方程式进行业务销售。我们的包含两个层面的课程定价：

低阶学习版本，自动在网上付费学习，售价为 299 美金；

高阶学习版本，先联络我们公司进行咨询，再定出合适的学习营销方案：售价为 3999 美金。

先看下图：

首先，让我们看看 Facebook 广告系统的后台数据。在这次营销活动中，我们投入了 68,315 港币。这笔投资为我们带来了约 150 万次的广告展示，以及 7,542 次的点击。这些数字本身已经相当可观，但真正令人震撼的是这些流量转化为销售额的效率。

值得注意的是，这仅仅是我们众多网上销售产品中的一个。通过单一的网上销售漏斗，我们在半年内实现了 100 万美元的营收，而投入的成本仅为 6 万多港币。这种惊人的投资回报率正是乐思营销方程式强大威力的体现。

那么，为什么这个营销策略能够如此成功呢？答案在于我们如何处理获取的流量。在吸引潜在客户后，我们设计了一系列精妙的后续引流策略，最大化每个接触点的价值。

让我们详细看看这个产品的的销售方程式：

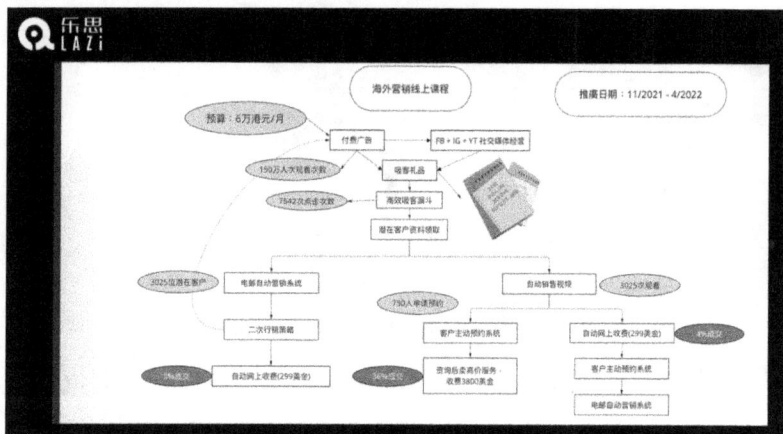

● 付费广告：投入 6 万多港元，在 Facebook、Instagram 和 YouTube 等平台投放广告，获得 150 万次展示和 7542 次点击。

● 吸客礼品：赠送《31 种社交媒体营运攻略》电子书，吸引潜在客户留下资料。

● 高效吸客漏斗：将初步兴趣转化为 3025 位潜在客户的联系方式。

● 自动销售视频：3025 次观看，4% 的转化率，每单 299 美元。

● 客户主动预约系统：750 人申请预约，36% 的惊人转化率，每单 3800 美元的高价值服务。

● 电邮自动营销系统：针对所有潜在客户，实现 3% 的转化率，每单 299 美元。

这条方程式不仅最大化了每个潜在客户的价值，还建立了一个可持续的客户关系管理系统。通过不同价位的产品和服务，我们成功满足了不同客户群的需求，从入门级的 299 美元产品到高端的 3,800 美元服务。

令人兴奋的是，这个系统只需建立一次，就能 24 小时在网上自动运作，持续销售。这实际上就是为我们公司打造了一个强大的自动销售机器，大大提高了效率和盈利能力。

当然，除了本人的产品之外，我们团队也协助超过 400 间企业及自媒体进行以指向型架构的推广方式，我们来看看这位已年过 70 岁的风水师父如何通过乐思营销方程式在网上收集风水咨询客户，并同样达成超过 10 倍回报的营销业绩：

同样地，让我们看看 Facebook 广告系统的后台数据。在这次营销活动中，我们总共投入了 40622 港币。这笔投资为我们带来了惊人的 148 万次广告展示，以及 6805 次的点击。这些数字本身已经相当可观，但更令人印象深刻的是广告的互动效果。我们的广告吸引了高达 448328 次的互动，平均互动率达到了 30.24%。这意味着近三分之一看到广告的用户都与之产生了某种形式的互动，这在数字广告领域是非常出色的表现。

让我们详细看看这个风水老师的营销方案：

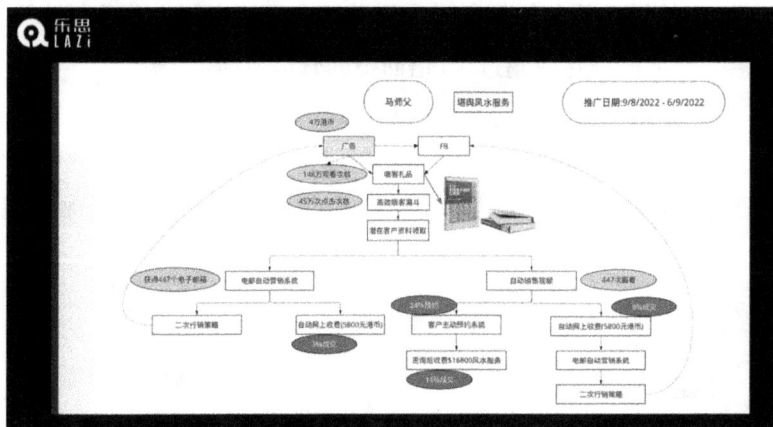

● 付费广告：投入 4 万港元，在 Facebook 平台投放广告，获得 148 万次展示和 45 万次点击。

● 吸客礼品：通过赠送一本《十大家居风水问题化解术》电子书，吸引潜在客户的兴趣。

● 高效吸客漏斗：将初步兴趣转化为 447 位潜在客户的电子邮箱。

● 自动销售视频：447 次观看，8% 的转化率，每单 5800 港币。

● 客户主动预约系统：24% 的预约率（约 107 人申请预约），14% 的惊人转化率，每单 16,800 港币的高价值服务。

● 电邮自动营销系统：针对所有潜在客户，实现 3% 的转化率，每单 5800 港币。

这个多层次的销售漏斗不仅最大化了每个潜在客户的价值，还建立了一个可持续的客户关系管理系统。通过不同价位的产品和服务，我们成功满足了不同客户群的需求，从入门级的 5800 港币产品到高端的 16800 港币服务。而这次活动仅为期一个月，总收益便超过 53 万港币，减掉 4 万元的广告成本，亦有超过 10 倍投资回报。

除了赚取 53 万港币的直接收益，这位风水老师通过这次营销活动还收获了更有价值的长期资产。他开始建立了一个包含几百万潜在客户的电子邮箱名单。这些潜在客户都对风水服务表现出了兴趣，虽然他们可能不会立即成为付费客户，但这个名单的价值会随着时间的推移而不断增加。

精心设计的海外广告策略不仅仅是一种营销手段，更是一种高效的全球财富创造工具。它为企业提供了一个可预测、可扩展的增长模式，使得快速进入国际市场、扩大全球影响力成为可能。

能够从国际付费广告中获得可观的投资回报是最可靠、可预测且可扩展的增长销售和创造全球财富的方式。与其他投资方式相比，国际广告投资的回报率往往更高。例如，高利率储蓄账户可能带来2%-3%的年回报，房地产投资可能达到6%的年回报，股票和债券平均可能达到9.5%的年回报。但是，成功的国际广告投资可以带来300%甚至更高的回报。这些案例清楚地表明，国际广告不应被视为一种费用，而应被视为一种能够立即产生全球回报的投资。

然而，我们必须强调的是，投放广告只是乐思营销方程式的第一步，甚至可以说只是其中的一个环节。虽然广告确实有效吸引大量潜在客户，但整个营销流程中最关键的部分是如何将这些从广告获得的流量有效地转化为实际的客户和收入。

这些案例的成功不仅仅在于它吸引了大量的点击和互动，更在于其后续的转化过程。通过精心设计的指向型销售漏斗，以上案例都成功地将初步兴趣转化为实际的销售和长期的客户关系。这些步骤才是真正实现高转化率和高成交率的关键所在。

因此，虽然有效的广告投放是吸引潜在客户的重要一步，但如何提高转化率和成交率才是决定整个营销活动成功与否的核心要素。这正是乐思营销方程式的核心价值所在，也是我们接下来将要深入探讨的重点内容。

4.2 锁定你的目标客户

市场上这么多潜在客户，你要怎样入手，才能提升自己的销售命中率，抑或是以大数法则来处理，愈多真的是愈好？这样你要认识一个数据：

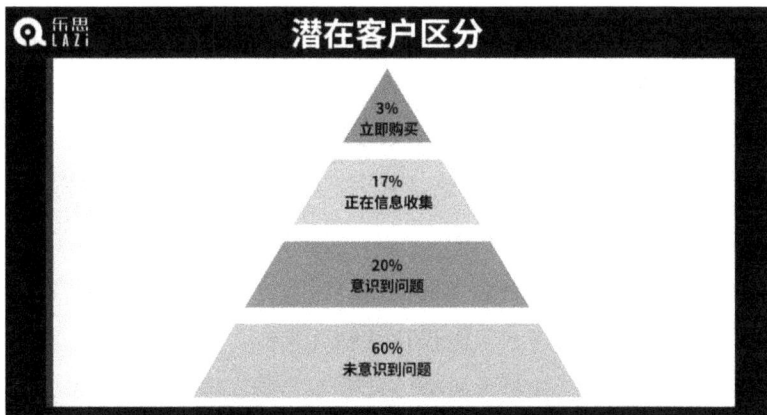

在大部分的市场之中，其实只是有3%的人处于"购买模式"。如果你拿起报纸、看电视或用 Google 搜索，看到类似这样的广告："我们的产品种类最多""我们超低价出售""破天荒 XX 折"，这些广告针对的就是这 3% 的人，这些都是本身有购买意欲的客户，属于 Hot Audience(热受众)，要转化他们并非难事。不过，这 3% 潜在客户要分给你和你的竞争对手，到头来大家都"无肉食"，你永远也赚不到大钱。真正可以为你的生意创造高利润的是那 37% 的潜在客户，他们要么在收集讯息（17%），要么在"意识问题"的过程之中（20%）。而更多的是那些根本不知道自己有购买需求的人，占所有潜在客户之中的 60%！一且你了解到上述道理，你就可以利用它来抢占大多数被忽略的市场（37%+60%），并将他们转化为真正的消费客户，为你的企业带来营收。问题是，大多数企业对待潜在客户都像对待那3%准备购买的客户一样，以为一本通书可以看到老，其实他们没有一个有效的架构来捕捉、培养这批97%的潜在客户。而乐思营销方程式的做法是，让97%潜在客户更快地被你引导，只要接触到他们，这台销售机器就可以把"不感兴趣"的潜在客户也转化成消费客户。

接触到97%的潜在客户，你必须对他们进行教育。当潜在客户对某一主题缺乏了解或认知时，他们就会处于一种怀疑状态，而人们不会在这种状态下购买。只要他们知道的越多，才越有可能购买消费。要确保当他们可以进入"立即购买"的阶段，你的资讯必须具销售力，以强化认知为基础，而不是简单地宣传你的品牌。同时，你也在改变以往企业与潜在客户之间的关系，不再是你在追逐客户，反而是客户主动向你洽购，这恰巧是乐思营销方程式的成效之一。建立这台销售机器之后，你可以对目标客户——

- ·提供诱饵
- ·进行教育
- ·强化培养
- ·让客户采取行动

这对于任何追求持续有生意的企业来说，都是至关重要的。当你有了一个可靠的市场推广架构，可以从 Google、Facebook、YouTube 或其他平台取得流量，并对其"提供诱饵、进行教育、强化培养、让客户采取行动"时,你不再需要花几个小时去说服客户,即可让他们相信你的解决方案是最好的,你好快就可以完成交易取得营收。当你决定采用乐思营销方程式作为你的市场推广架构,这套系统就会自动运作,引导潜在客户主动联系你,做生意自然更得心应手。

说到狩猎新的目标客户,最基本的出发点就是了解他们是谁。非常多企业都陷入了自以为了解客户的陷阱之中,他们拥有客户性别、年龄等基本资料,然后就止步不前了。这是一个很大的错误,因为对客户的深入了解,对能否销售是有关键影响。第一,了解一个人的年龄和性别并不足以真正了解他,可能你的竞争对手已经在这样做了,要想在众多资讯中脱颖而出,赢得客户关注和欢心,你需要发掘客户内心深处的原始欲望,摸清他们的恐惧、追求、愿望。之后,你可以运用 80/20 原则来锁定你的目标客户。

如何锁定?作为市场推广人士,我们知道 20% 的客户是带动 80% 的收入。继续延伸下去,在这 20% 目标客户中的前 20%(即是总体的前 4%),即是占销售额的 64%(80% 再乘 80%)。这意味着,你可以将目光投向占收入 4% 的高端客户。一旦锁定了这 4% 高端客户,就需要研究他们的共同特性。这个时候你可以用以 9 条问题作为切入点

I 你的目标客户在哪里出没?

准确了解你的目标客户在哪里,对很多事情都有影响,包括你应该在哪里做广告、做什么广告、文案的基调,等等。

II 你的目标客户从哪里获得资讯?

当你的目标客户处于研究状态时,他们会去哪里寻找他们想

要的答案？Google？百度？YouTube？书籍？杂志？

Ⅲ目标客户最大的挫折和挑战是什么？

通过了解站在顾客角度的感受，你就能创造出更好的产品和服务，解决他们的具体痛点和问题。无论你销售的是什么，都必须有效解决一个问题，让你的目标客户愿意拿出金钱，让你为他们解决这个问题。了解他们最大的挫折，也将决定你在文案和广告中要表达的情感，通过准确表达目标客户的感受，你就能与他们建立情感联系，而不仅仅是理性层面的联系。

Ⅳ他们的希望、梦想和愿望是什么？

了解目标客户的希望、梦想和愿景，有助于你生动地描绘使用你的产品和服务后的生活，这也是前文所提及的顶尖销售套路。

Ⅴ他们最大的恐惧是什么？

你目标客户最害怕什么？他们担心什么却从不告诉别人？于我而言，这与了解他们的希望、梦想和愿望同样重要，甚至有过之而无不及。为什么呢？痛苦比快乐更能激发人们的积极性。他们"害怕失去＞渴望得到更多"，在文案和广告中指出他们面对的恐惧，是让你的目标客户采取行动、促使他们远离最恐惧的东西的一个极其重要的因素，这种方向尤其适用于保险行业销售当中。

Ⅵ目标客户喜欢哪种沟通方式？

电子邮件？短信？Whatsapp？Instagram？这取决于受众希望你用哪种渠道与他们沟通。

Ⅶ目标客户使用什么语言、用语？

在你的目标客户心目中，他们的希望、梦想、痛苦、恐惧和渴望，本身已经有了特定的语言和用语，你的工作就是倾听并记录下来，并套用在你的文案之中。比如大部分年轻人都喜欢二次创作或 Meme 图 (海外文化梗图)，如果你的目标客户是年轻世代，就不妨多用潮语或搞笑的宣传或广告，争取他们的并鸣感。

Ⅴ Ⅲ 目标客户的生活习惯？

想象一下目标客户的日常生活是怎么样的，把你的市场推广加入个人化元素，比如何时给潜在客户发送电邮最合适？潜在客户通常什么时候会观看 Facebook、Instagram 或 Youtube ？

Ⅳ 什么让目标客户感到快乐？

你的客户是有情感的人，人们希望与能让他们感觉良好的企业进行互动。在市场推广的过程中，有哪些细节可以为他们带来惊喜？让他们脸上露出笑容？将快乐融入销售之中，可以建立更深层次的情感联系，从而培养长期的忠实粉丝。

锁定目标客户难度很大，一旦你做到了这一点，其他一切都会很快步入正轨。你只需弄清楚使用哪种媒介或社交平台，能够有效地接触到他们，以及他们会对哪种营销策略有反应，之后你就可以将他们逐步转化了，这时候就是 Hook(吸引目光的东西) 的阶段。

4.3 为你的目标客户创造完美的 Hook

　　Hook，意指为"诱饵"，你要为目标客户制作令他难以抗拒的诱饵。我将以不同的例子来说明，助你识别哪些是对你的产品感兴趣，同时又想获得更多讯息的潜在客户，你只要把这些讯息提供给他们，就可以引导他们作出正确的行动抉择。就算以往没有人认识你的品牌，你也能瞬间将自己定位成为值得信赖的权威人士，产生数以百计的潜在客户！

　　先以一家地产公司为例，传统的地产广告，可能会把"最后特卖""震撼价""上车之选"等标题放在主要位置，千篇一律，结果在那 3% 的热受众中争个你死我活。试想想，其实只是把广告的标题换另一个角度去演绎，譬如"在阅读这份令人震惊的免费楼市报告之前，请勿购买新楼……"，是否立即让你产生好奇心呢？这样就会有更多的人主动细阅你的广告，以价值承诺吸引他们与你联系索取免费报告，对吗？这种形式，我们大多数称为吸客礼品，当中包括多种形式，如免费的电子报告（PDF）、电子书、攻略本……目标就是为你的潜在客户提供有价值的内容，通常是针对他们正在努力解决的痛点，而不要求他们购买任何东西作为回报。作为对你提供的所有价值的回报，你所要求的只是他们的姓名、电邮地址或电话号码。如果做得好，这将促使他们在脑海中展开对话："如果这本吸客礼品是他们免费赠送的东西，他们提供的付费产品 / 服务，是否会更优质呢？"借着这种方式吸引目标客户对你的品牌产生好感，绝对是百利而无一害。

4.4 高价值的内容营销如何做

以具价值的内容作为营销基础，运作方法是建基于"先供后求"的前提，营造一种为客户提供价值而不要求销售回报的感觉。当你为潜在客户带来高价值内容时，你会获得双重收获：

（一）潜在客户会感谢你提供的资讯

（二）你将自己定位成为值得信赖的专家。

当其他人在 Hard Sell 硬销时，你透过提供高价值内容，实际地帮助客户处理问题！更重要的是，通过这种营销方式，你可以与那些尚未准备购买，但已对你的产品有认知潜在客户进行交流。对的，就是那 97% 的未知潜在客户！由于快速销售、硬性销售对陌生流量起不了成效，因为初次接触你品牌的人，根本不知道你是谁。当你懂得灵活运用这种策略，即使你的对手是行业巨头，或者你只有很少的广告预算，你也能通过高价值内容营销来战胜竞争对手。

美国就曾经有一则经典广告，透过高价值内容营销，为品牌吸引逾 300 万名潜在客户，这种销售方法源于一位名叫路易斯·恩格尔 (Louis Engel) 的人在 1948 年构思出来的。

路易斯·恩格尔在华尔街著名的美林投资公司（Merrill Lynch,Pierce,Fenner&Beane）担任广告和销售推广经理期间，曾大胆写了一篇多达 6540 字的报纸广告，并提醒读者须按文中指示必须剪下一些东西，在上面写下自己的名字和详细资讯，然后亲自把他们的资讯邮寄回去。这个"非主流"的广告，推出后第一个星期就吸引了 5000 人。同年 10 月 19 日，Louis Engel 在《纽约时报》上刊登了他的广告，即使文字布满得密麻麻，人气仍然一时无两。

"桥唔怕旧，最紧要受"（方法不怕老套，最重要的是有效），现在就算印刷媒体息微，但只要我们的思维不变，依然可以在网站、着陆页、网志、电邮、Facebook、Google 或内地自媒体上使用这一策略。具体做法是，你先为自己的产品/服务创出一个精彩、吸睛的标题，比如"每个人都应该知道的事情""隐世 XXX"作为标题，引起读者的兴趣。当然，随着这套策略越来越多人使用，人们在阅读相关资讯时都会持怀疑态度，所以你需要高质量的内容来为读者建立信任和信心。路易斯·恩格尔在撰写上述广告时，很可能早已经与美林证券的分析师交谈，以了解目标客户的常见问题，然后创建了有关的小标题，并在广告中用粗体标出了每个问题，逐项解答读者常见的难题，以提供价值来教育读者，建立独一无二的信任感。

以今天的标准来看，这则广告的文案并不出众，出众的是它对行动号召（Call To Action，CTA）措辞——"如果你想了解更多资讯，请告诉我们"，CTA接着补充"我们不能在这里涵盖所有内容，……你可能还有更多问题，我们很乐意以小册子的形式向你发送本广告的副本，不收取任何费用，也不承担任何义务……你只需要写信或打电话给我们"。这种方式非常有效，使美林公司成为家喻户晓的公司。看到这里的你可能会怀疑，究竟香港这个"速食社会"，是否值得投放资源去做这么长篇的高价值内容？真的需要一名文案写手来撰稿吗？这么沉闷的文章真的对客户有吸引力可言？

形式虽常变，内容却长存。千万不要低估长篇文案的销售力。

根据我的销售经验，我依然深信，长篇文案依然是具有高销售力的。

有一点要注意：文案必须具有娱乐性和吸引力，你不能简单地编写长篇文案，就以为这样就能让潜在客户购买。当你的文案具有娱乐性时，人们随时就不会在意它有多长，而是注意它有多吸引。

你可能还会说："现今世代，谁会喜欢读那么多文字呀？"

无论如何，不会阅读你的文案的人是不会购买的。你的读者，通常都是你的潜在消费买家，他们正面对迫切的问题并在寻找解决方法。你要超越你的竞争对手，那么你的营销文案就不能人云亦云，那么你只能吸引那 3% 的热受众，同时错过了市场上 97% 未开发的潜在买家。高价值内容就算有一点冗长也好，只要内容够充实，能够有效协助读者的，依然会有销售力。当然有一些因素是不能忽略的，比如创建一条引人注目的标题、确保内文每一点都能触及热门话题、讲述内容时应深入浅出。

　　创建一条引人注目的标题是易学难精的工夫，有很多小技巧必须做好。首先，你要懂得哗众取宠，香港过去 20 年曾经最畅销的一类书刊，就是专门报道娱乐圈的八卦周刊，每期标题都是务求以最少的字数让读者一看就能吸收八卦讯息。其次是数字的运用，数字可以让读者理清头绪，一眼就看出文章的结构及重点，"聘请婚礼策划师前不得不了解的 5 件事"或是"关于聘请婚礼策划师的重要资讯"，哪一句让你看毕之后更印象深刻？答案应该是显而易见的。特别是网上世界，充斥太多吸引人眼球的资讯，你必须以一句标题，在几秒之内就吸引了他们的注意力，让他们产生了解的欲望，愿意花心机去看你的文案，甚至了解你的营销。要做到这一点，你就必须创造出令人无法抗拒的吸引力，多点用"必须""揭秘""隐世""必读"等词语，或者尝试在 Hook 上添加一个转折词，例如"如何在 XX 日内将业务倍增 3 倍，即使你没有任何经济、人脉、时间……"，增加潜在客户的兴趣，让他们想知道如何才能做到这一点。之后，你就可以在文案向潜在客户展示有哪些得着。愿意、效果、成绩，永远都是香港人最想看到的东西，网上世界的潜在客户，不会讲究你在过程中的付出，而是直接看你最终带出来的结果，所以你的高价值内容营销，要针对关于他们想要的结果来撰写，向他们展示如何学习简单的技巧，就可以帮助解决他们的难题。而在文案的正文当中，也要确保每一点都能击中目标客户最关心的问题。如果你在撰写报告或电子书，请在副题中说明你所针对的痛点，以确保任何略读的人都可以被你的副题吸引，例如"以为你的密码就能保证你的安全？再想想吧！"

撰写文案是一门不容易做好的学问，每一个词汇的运用、每一个标题的设计、每一篇文案的铺排，都是要靠持续地苦练来提升水平。高销售力的文案，对转化陌生客户极有作用。文案的长短并不影响销售力，重点是你如何勾起读者对你的产品／服务产生兴趣，紧紧抓住陌生客户的注意，这样下来你就可以进行下一步了。

4.5 对潜在客户进行被动式捕捉

捕捉潜在客户并获取他们联系方式，以便日后进行再营销，这是一个市场推广的常识，然而有很多企业或者市场推广公司常"捉错用神"，他们仿如军队攻打一座城市一般全面出击，但反而一无所获。

运用内容营销吸引大量陌生流量，将他们转引到着陆页，过程若然太急于推销，把市场上的每个人都当成想急于购买的人，会容易导致你使用了错误的销售力度，无视将陌生客户转化为付费客户的所有必经步骤。我们必须遵循一个行之有效的流程，环环紧扣地小心处理每一个环节，才能将陌生人变成高单价付费客户，期间你要做好你的价值交换页。价值交换页通常是一个网页或表单，用于从陌生流量那里获取他们的联系资讯，例如电邮地址、姓名、电话等，并达至几种作用：

（Ⅰ）收集潜在客户资讯，建立一个潜在客户列表，进而与他们建立长期的关系，并在未来进营销售和市场推广活动。

（Ⅱ）创建目标受众，当陌生客户主动填写订阅表单，表示他们愿意接收进一步的资讯，这意味着他们对你的品牌或主题有兴趣，有潜力成为你的忠实客户。

（Ⅲ）增加信任和可靠性，通过提供高价值的内容，你可以在价值交换页上展示你在特定领域的专业知识，并赢得潜在客户的信任。

（Ⅳ）提高销售机会：价值交换页让你与潜在客户建立联系，

一旦你拥有了他们的联系资讯，你可以通过电邮营销、销售漏斗或直接联系他们，向他们推销你的产品或服务。这样，你可以将潜在客户引导到购买决策的下一步，提高销售转化率。

（Ⅴ）运用你得到的客户资讯，你可以了解他们的确实需求、偏好和兴趣。这使得你能够更好地度身定制营销内容，确保你的销售资源和宣传活动更加精准地针对潜在客户的需求，提高销售成效。

（Ⅵ）你可以追踪和评估你的销售和市场推广活动的效果，包括了解订阅率、打开率、点击率等指标，并根据这些数据优化你的销售策略和内容，以达到更好的销售结果。

既然价值交换页可以发挥这么多效用，究竟要如何撰写内容，以及进行适当的设计，来吸引到访的陌生客户愿意进一步被你所转化呢？以下的元素是不可或缺的：

· 一下子就抓紧读者注意力的标题
· 一目了然的副题
· 高销售力的内容
· 直观展示客户将会得到什么（效果）
· 留下客户资料的表格

一下子就抓紧读者注意力的标题

标题应将读者的眼球吸引到荧幕上，并向他们承诺一个具体的得着和好处，重点是解决潜在客户的具体痛点。如果标题过于空泛，潜在客户在看到的时候，并不会留下什么深刻印象。因此，标题须聚焦于潜在客户的确切需求，然后为他们提供立竿见影的解决方案，比如这一句——

如何在"特定时限"内，在没有"他们最害怕的事情"的情况下获得"预期结果"——保证重申"问题"？获取你的"解决方案"和"成效"。

一目了然的副题

副题可复述你的报价以及潜在客户具体能得到什么，比如："只需输入你的电邮地址，你就可以得到这本（吸客礼品）"，让到访的潜在客户感觉到有得着。

高销售力文案

高销售力文案，在提供或暗示好处的同时，又要引起读者的兴趣，目的是激发潜在客户的好奇心，让他们不能向你的报价说不。撰写精彩的引人入胜的文案是一门艺术，需要敏锐的眼光、娴熟的技巧和巨大的创造力，当中有几项模板是你不得不学懂的，例如——

如何在不做 Y 的情况下实现 X。

如何在不做 Sit-up 的情况下拥有迷人腹肌。

如何在 60 日之内为自己建立一门稳定赚钱的网店生意。

你需要 X，对吗？错！（针对一个普遍的观念，然后通过反驳来引起人们的极大好奇心。）

X 到 Y 的方法，以下是经典的"网民力推，认识单身女的 5 种神招"。

你是否做错了 X？ 10 样你不知道 X 的秘密。

仅仅告诉潜在客户他们将得到什么是不够的。你需要向他们展示价值，就像你去网购，在没有看到高清图片及用家评价的情况下，多半你是不愿意购买的，你的潜在客户在没有看到他们将得到什么的情况下，也不会愿意交出他们的个人资料。同时，你要求的资讯越少，选择页面的转化率就越高，我建议只收集两项资料：姓名＋电邮地址，然后使用电邮营销来"培养"这些潜在客户的未来消费可能性。

4.6 向潜在客户开出无法拒绝的 Offer

当潜在客户对你的营销有反应时，你要注意两个问题：

他们真正想要什么？

他们必须做什么才能得到他们想要的东西？

这正是 99% 企业都会犯错的地方，做了一系列的市场推广，有了知名度、得到很多人关注，但偏偏得不到相应的生意收入！这个时候，你要看看自己有没有设计一个令潜在客户无可抗拒的优惠。在我以往协助过的企业当中，只有不到 1% 的企业，在与我合作之前就具备了这种能力，他们的报价（Offer）软弱无力，就如"使用我们的服务，你可能会在遥远的将来看到某种好处"，没有任何迫切性。其实，你要创造一个令潜在客户无可抗拒的报价，你应该要提出一些击中人心的优惠，燃点潜在客户的购买欲。

首先，这个过程的第一步是"卖人们想买的东西"。每个人都是从自身角度，特别是消费的时候，他们需要付出金钱，就会考虑的是自己想买什么、有什么得益、能解决什么，他们并不会在乎市场需要什么。如果你在这个过程中发现自己提供的产品／服务，并不是你的潜在客户所渴望的，那就请你面对现实，不要试图欺骗你自己或你的市场，不要觉得你的产品／服务已经足够好，由始至终，你都要将你的业务与市场作最佳的结合。有一些企业和创业人士，在进行深入的市场研究、整理报价或强化销售资讯之前，就花费数万美元开发产品／服务。然后，他们试图根据自己的产品／服务特性，来塑造有利自己的市场推广，企图显示自己有多好，来说服整个市场。然而，正确的做法是在提供产品／服务之前，就应该想好整个市场推广方向，因地制宜，向市场供应人们正在追求的东西，一旦你知道了你的目标客户想要什么，那么你就可以把你的产品／服务制作成一个引人注目的推销，以及一个他们无法拒绝的报价。

其中一个具体做法是创建列表，比较你和竞争对手的特点和优势，在这张表上，你应该有两栏，第一栏的标题应该是"特点"，列出你产品的全部特点。第二列的标题应该是"优点"，在这一栏中，你可以将所有特点转换成相应的优点。不要因为这听起来简单，就忽视列表的重要性，因为你会慢慢发掘你产品的优缺点，到需要展示给客人的时候，就会一目了然。谨记要弄清楚功能和优点的分别，功能只是一个细节或规格，优点是指产品能为买家带来什么好处、效益、感觉。比方说，你床上的床垫是由高级天然认证乳胶制成的，这是一个特点。这一事实可以转化为好处，包括它能与你的身体相适应，带来完美的舒适感，让你更在睡梦之中不受打扰！得益于经认证的高级天然乳胶，你将睡得更香甜，醒来后神清气爽，白天工作表现更出色，得到你想要的升职机会，赚更多的钱……，将优点不断延伸下去，令潜在客户有了"对愿景的想象"，你的销售力自然会大增。

要懂得把"特点"好好推广，你的文案就要写得引人入胜，太直白的介绍绝对不会勾起人们的兴趣，每一个用字都决定你营销的深度和厚度。在你上网寻找市场推广的资讯时，有没有看过类似"我们是业内顶尖的 SEO 团队，为你作出最佳管理"这种宣传句子，你觉得这是一个 Offer 抑或是一个声明？没错，擅于管理 SEO 是他们的优点和特点，但没有具体内容、没有效益成果、没有时间框架也没有给你带来什么愿景和及想象，这种枯燥无味的文案，永远无法唤醒潜在客户的消费意欲。要把文案写得具销售力，你需要更确切地指出更多 Juicy 的效果，就像：

"90 日内保证登上百度第 1 页，否则我们原价奉还。"

这才是真正的报价。大胆、有力、具体，而且给予客户一种有保证的感觉！

在大多数情况下，就算文案薄弱，但强有力的报价也会成功，但强有力的文案却无法克服薄弱的报价，换言之你可能有最新的销售系统、最先进的销售漏斗、最火红的营销活动，最好的 Google 广告或 Facebook 广告……但若果你没有一个让目标客户无法抗拒的报价，那么所有工夫只会前功尽废。强而有力的报价并不完全取决于价格，以最低价格为基础的报价，很容易就被竞争对手模仿，以更低廉的成本来击败你。所以我们通常对客户提议，不要盲目减价推销，因为强有力的报价才能让你获得更高的营收。我时常觉得，你需要让目标客户在看到你的报价后产生一种想法："他们怎么可能提供这个？他们怎么能保证这么多？他们真的能回本吗？"看起来很离谱的报价，反而更有张力和效力，无意间使你的潜在客户尽快做决定。令人信服的报价，就是要消除目标客户向你购买产品的所有障碍，特别是心理上的隔阂，所以令人信服的报价比令人信服的论据更有力。你要扭转这种风险和负担，让潜在客户毫不费力地接受你的提议。就是反其道而行，用高价格策略令目标客户想了解你产品 / 服务奥妙之处。

要设计让客户无法拒绝的报价，很多细节都是环环紧扣的，以下有 7 种常见的报价方式，分别是：

1. 恰当理由

你提供优惠，先要有一个清晰可信的解释，说明你为什么要提供如此慷慨的优惠，用来针对人们"天上不会掉馅饼"的心魔。或许这是一个期间限定优惠，你可能只作短期推广也好，一旦潜在客户体验到你的产品 / 服务带来的真正好处，他们以后就会成为你公司的狂热粉丝或终身客户。又或者，你拥有比竞争对手高效许多的商业模式，可以凭超平价格提供优质产品 / 服务，拆穿竞争对手的"溢价"策略，令潜在客户感觉你更"货真价实"，愿意成为你品牌的支持者。无论你的理由和依据是什么，只要你提供的是几乎令人难以置信的优惠，就应该把它大肆宣扬开去，建立营销口碑。

2. 创造价值

首先，你要根据常见的价格，来建立你的报价的"价值"，这可以是你通常收取的价格，或者是你竞争对手收取的价格。重要的是要确定你的常规价格，并让它看起来非常超值，告诉你的潜在客户，你的产品曾何时何地以原价提供或销售，甚至有成千上万的人以原价购买过你的产品 / 服务。

其次，将产品带来的"价值"量化细化，令潜在客户觉得他们的使费，其实是微不足道的，并与其他产品作出横向的价钱。举个例说，订阅电子报就是运用这种消费心理，每个月 150 港元的订阅费，你可以演绎成"每日只需一程短途车费（$5），即为你网罗城中大小新闻热话！"让潜在客户感觉性价比高，从而放下心防，愿意作出消费。

3. 报价逐步升级

如果你提供的服务，是为了把陌生客户转化成付费客户，有一种销售套路相当奏效，就是提供一个低价价位，让你获得最大数量的新客户，再加上一两个较高的价位，以提高平均销售额和投资回报率。你要以最积极的报价为先导，然后在首次购买后有两到三个追加销售。这样可以使首次销售尽可能具有吸引力和不可抗拒性，而且一旦潜在客户购买了首次报价，额外的追加销售所遇到的阻力就会大为减少。就好像在国际上著名手机游戏 Candy Crush，用户可以免费下载基本游戏，只要你愿意只免费玩基本游戏。你永远不需掏出一分钱。但该公司透过出售游戏内的升级包，获得更多的动作、更多的生命和更多的关卡，据说每天能赚到 63.3 万美元，可见免费使用只是个 Hook，真正的收费在后头。要确保报价可逐步升级，须避免初时向潜在客户提供太多选择，而是将其留给追加销售过程。每向潜在客户提供一个额外的购买选择，你失去初次销售的机会就会增加，潜在客户花在决定购买哪种产品上的额外时间，都会导致销售失败。

4. 分期付款

当你的预期目标价格，原来是对潜在客户来说较高时，为免他们觉得太昂贵而放弃购买，你可考虑将这个消费，从单次改为分期付款来完成。这样做可以有效降低潜在客户心目中的抗拒。

5. 免费赠品

免费赠品可能会吸引很多贪小便宜的人，但同时它也是奏效的报价策略。好的赠品应该与你的业务一致或相关，并让你的报价看起来"性价比很高"。想想为何擅长计算的地产发展商，会设计"买楼送全屋装修及家具"这种策略,你就明白赠品的威力了。

6. 强力保证

你的保证越有力越好,担保的作用是将潜在客户的风险转嫁给你(企业),从而消除销售前的不相信感。

7. 稀缺性

没有稀缺性的优惠,通常不会卖得很好,但它必须是真实的,否则就会削弱潜在客户对品牌的信任。想想看,如果你现在不需要采取行动,你什么时候会采取行动呢?永远不会,例如在你的报价上标明有效期,就像"只剩 X 件""优惠只剩 72 小时"等。将稀缺性注入你的提议中,告诉潜在客户他们正在获得独一无二的东西,呼吁他们尽快采取行动!

4.7 制作强而有力的电话销售

如果你是教练、顾问、导师、自由职业者，而你的目标是创造大量潜在客户，那么你的报价就要具销售力，能够打动潜在客户的消费心理，上述的"恰当理由""创造价值""逐步升级""分期付款""免费赠品""强力保证""稀缺性"7种方法，都值得你采用。

另外，你可以尝试提供一项额外的免费服务，将你的专业知识免费分享给潜在客户，借此建立信任度，这时候你可以提供30、45或60分钟的免费电话咨询、商务分析或战略会议。这个电话需具有高的感知价值，无论潜在客户是否选择从你这里购买，这个电话都必须是有价值的。你需要详细说明潜在客户在通话中将会得到什么，以及这将如何说明他们离目标更近一步。免费并不意味着你不需要推销。你要详细说明你的报价，详细说明他们在通话中将获得什么，从而使你的报价具有可信度。

下面是一些免费电话咨询报价的案例：

45分钟免费中国品牌本地化策略咨询（价值1,280美元）

在这次策略咨询中，你可得到：

45 分钟免费中国品牌本地化策略咨询（价值 1,280 美元）

在这次策略咨询中，你可得到：

·3 个快速提升品牌在中国市场认知度的关键策略；

·8 大本地化陷阱，90% 外国品牌在中国市场都曾踩中；

·5 个高效的小红书营销技巧，助你迅速吸引中国消费者；

·定制化的 4 步品牌调整方案，确保你的品牌与中国文化完美契合；

·如何在 12 个月内将你的品牌知名度提升 10 倍的实用路线图。

推销电话是很重要的，如果你不推销，你就没有很难对潜在客户追加销售，也无法摸清楚潜在客户究竟真正想要什么、需求什么。

以上就是网上销售时，转化客户以至成交的重要流程，弄清楚每个部分的用意和目的，懂得把不同元素的销售力推到最大，就可以组装一个强而有力的漏斗。而在整个营销漏斗之中，我们的"指向型营销"最重视落地页，因为它是潜在客户进入营销漏斗时，接收你的销售资讯的第一个重要页面，要建构一个高销售力的着陆页，我整合了以下一张清单。

4.8 制作高销售力落地页的 17 大元素

我独有的乐思系统，汇集了人类已知的 17 个最快的销售秘诀，可用于创建任何类型的销售资讯，无论是落地页、视频销售信、网志文章、线上讲座，它包含了任何销售资讯都应包含的所有元素，按照这个确切的清单，我相信它将帮助你每次都能将你的报价设计得直攻人心，令潜在客户无法抗拒：

1. 唤醒你的听众

在广告或视频销售信的开头、落地页的顶部，向你的潜在受众发出号召。

2. 要求他们注意

提醒他们要集中注意力，吸引他们投入你的销售讯息之中，不妨直接说明你想哪些类型的受众注意，例如导师、顾问、企业老板、保险人、直销人士、健身教练，等等。

3. 支持你的重大承诺

设计一看即能记住的大标题，之后在小标题中用直截了当的解释，来支持你的"保证"。

4. 创造不可抗拒的吸引力

在你写出一个需要关注的标题，以及一个展示你重要承诺的副标题，现在是时候增加吸引力了，试试再写出 10~20 个标题，最后筛选出最佳的几个。每个要点都应指出目标市场的不同痛点、恐惧、欲望、梦想、愿景，并增加引人入胜的元素，常见的就是"XXX 公司不想你知道的秘密""XXX 揭秘攻略"。

5. 聚焦问题

认清目标客户是谁，不需将所有的问题和痛点都说出来，集中 1 至 3 个重点来说，生动地解释目标客户遇到的具体难题的感受，让他们真正感受到痛苦和折磨，他们会对你的销售产生并鸣，从而产生采取行动的源动力。

6. 提供解决方案

用你的产品 / 服务，为目标客户的难题揭示一个最佳、最快、最有效的解决方案，然后证明这个解决方案是可行的、容易达成的。

7. 展示你的特性

向目标客户证明你值得信赖，建立你的信誉，并展示你的专业知识。销售类的文案，在香港定然会引人反应，把有怀疑甚至质疑的态度去看待，所以你要在行文之间让他们思考，逐渐安静下来拆除戒心。之后，趁机会向目标客户展示你的资历，证明你值得信赖，譬如你的成功案例、客户好评、获取的奖项、与你合作过的著名公司或人士、你服务过的客户数量、你合作单位的规模与商誉、媒体对你的报道……诸如此类，尽情展示你的成功。

8. 详细介绍好处

人们首要的不是关心你的产品 / 服务，他们只关心你能给他们带来什么好处。特点能说明问题，好处能推销产品，所以只谈好处，就已经可以构建吸引力。

9. 社会证明

你必须为你的企业和产品，建立可信度和知名度，多点使用研究统计资料或引用权威认证，或者一些专业资格。

10. 提供直攻人心的优惠

为了实现转化，你的报价必须是：

清晰易懂：毫无疑问，受众通过电子邮件/购买/注册可以得到什么回报。

基于价值：你的报价文案应侧重于如何满足需求或解决问题。

简明扼要：简明扼要、切中要害，肯定有助提高转化率。

有说服力：如果要让销售人员大显身手，你的报价最好一矢中的。

难以抗拒：它必须是一个对潜在客户来说容易做到的好提议

11. 添加小便宜

在报价中添加相关的奖金或"小甜头"。

12. 堆叠价值

使用价值叠加法来做到这一点，叠加报价中所有内容的总价值和优点，告诉他们每样东西的价值，让潜在客户觉得物超所值，这样你就很快可以成交了。

13. 公布价格

将价钱相加计算出价值，然后公布一个以想象中平价许多的价钱。如果你的目标是创造潜在客户，而你提供的是免费咨询，那么你就必须对咨询的价值进行量化估值。

14. 注入稀缺性

没有稀缺性的报价，很难令人觉得需要迫切采取行动，但它必须是真实的，否则你会毁了自己的声誉。想一想吧：如果你现在不需要采取行动，那你什么时候会采取行动呢？ It is NOW or NEVER！在网页一些地方加入催促性元素，比如：

离优惠完结尚余 XX 小时；

此价钱的货品只剩 XX 件；

在 XX 之前购买，其后会变回原价。

15. 提供强而有力的保证

向买家表明，如果产品不合格，他们不会在时间或金钱上蒙受损失，从而消除了购买的痛苦。无论是无风险退款保证，还是不会共用个人隐私资讯的承诺，都是能够唤起潜在客户的消费欲望。

16. 行动号召（Call To Action）

Call To Action是极其重要的。人们很多时在观看你的资讯时，思路已被你的销售引领，他们很容易就会聆听了你的指挥。如果你只懂推销，不懂成交，随时让你以上的努力化为乌有。就像足球比赛一样，球员只懂一股劲去传球，但就是在攻门时不敢于起脚射门，那么就永远不会有入球，不能为你的球队带来胜利。因此，记得要提醒你的潜在客户，当他们愿意购买时，就是立即采取行动，千万不要犹疑。Call To Action 是一种命令，具体明确地告诉潜在客户该怎么做，最常见的语句就是"点击此处获得……""按此按钮，你将可得到……"等。

17. 带有警告和提醒成分的结尾

温馨地警示一下，潜在客户如果不采取行动会有什么反后果，比如"最后机会，额满即止"。

4.9 引导海外网上陌生流量揭秘

来到此处，你大约知道如何锁定目标客户、创作高价值内容及销售文案，建立一个极具销售力的落地页，你的前期工具大约准备一半了。在乐思营销方程式的架构之中，你可以开始运作你的市场推广攻势了，这时候你就要把精力集中在吸取网上流量之中，将潜在客户引导入你的营销架构当中。

网上流量可分别 3 个主要种类，一旦你了解了每种流量的作用以及它们之间的联系，你就有能力将正确的流量引导向正确的产品／服务，并将尽可能多的流量转化为实在的成交。你的唯一目标就是拥有所有流量。这样你才能扩大你的陌生客户数量，提高你的销售额：

你拥有的流量

你无法控制的流量

你可以控制的流量

I 你拥有的流量

你拥有的流量，就是你的电邮名单、你的追随者、忠实读者、既有客户等。只要你发送一封电邮或发布一条资讯，他们就会关注你的动向，立即产生流量。我不必从 Google 或 Facebook 卖广告，不需做任何公关或搜寻引擎优化。这是我自己的营销管道，我可以随时随地推销我的产品和服务，无需任何新的营销成本。

II 你无法控制的流量

你无法控制它的来源和去向，比如如果有人在 Facebook 上提到我的书，他们的关注者可能会在 Google 上搜索我的名字，然后他们可能会登录我的网站查看资料，这些通常是非付费所产生的流量，例子有：

社交媒体（Facebook、Twitter、Instagram、LinkedIn、Pinterest 等）

搜索流量（SEO 或 SEM）

YouTube

嘉宾访谈

不论是以上任何一种流量，只要你能够引导他们进入你的营销架构之中（最简单就是你使用我们的乐思系统），你就可以慢慢主导他们的下一步行动。

Ⅲ你可以控制的流量

你可以控制的流量，当你有能力引导流量去哪里时，你就控制了流量。例如，如果我在 Google 上购买广告，我并不拥有这些流量（Google 拥有），但我可以通过放广告来吸引流量，然后将点击广告的人引导到我想引导的地方。任何一种付费流量，都是你可以控制的流量，包括以下几种：

电邮广告

海外广告平台（Facebook、Google、YouTube 等）

内地广告平台

联盟制会员

你的广告要开始准备运行了，你要开始懂得在不同的社交平台下广告了，你要开始去分析不同的数据了，以下的词汇，将会是你在网上卖广告时常见的：

Impression － 广告曝光次数

Reach - 广告触及人数

Bounce Rate - 跳出率

Click Through Rate（CTR）- 点击率

Conversion Rate（CVR）- 转换率

Cost Per Click（CPC）- 每次点击成本

Cost Per Thousand Impression（CPM）- 广告每一千次曝光成本

Cost Per Acquisition - 每个陌生流量的转换成本

Return Of Investment（ROI）- 投资回报率

Pay Per Click（PPC）- 每次点击的付费

你使用不同的平台，就会有不同的用语，但意思都是差不多的，用来反映不同范畴的数据，你可以运用这些指标与你的竞争对手作比较。坊间很多广告公司都未必会如实向你反映这些数据，作为一名老板，你未必需要完全了解如何去改善这些数据，就有一点你必须做到，就是你知道该指标的数值是好或是坏。同时，有了这些指标后，请认真审视一下你目前的营销活动，哪些平台创造了有利可图的客户流量？哪些管道让你得不偿失如果你发现Facebook广告竞争太激烈了，那你就要懂得用其他平台来取代它，不能依赖单一的流量来源，甚至你很难有效地扩展你的生意。

就像我们为客户处理一样，为了客户所使用的每一分一毫广告费，都可以得到相应之回报，我们不会只集中一、两个渠道来吸取流量。相反，我们会尽力为客户吸纳以上 3 种流量，由他的个人品牌做起吸引忠实粉丝，为他创建及经营社交平台，助他吸纳无法控制的流量，最后就是将卖广告的渠道多元化，尽可能吸纳更多可以控制的流量。

对老板来说，卖广告是要花钱的，是一种投资行为，企图为企业实现更大潜在收益，所以老板应拥有将广告流量转化为利润的能力，或者他要聘请有此能力的人才。

不过根据我的经验去看，其实网上要吸取流量从来非难事，90%客户在卖广告时所遇到的难题，不是在于引流，而是在于如何转化！正如我在介绍中提到的，大多数人没有流量问题，他们有的只是报价问题。做生意就好像约会一样，情侣要发展一段关系是循序渐进的，必须经历一系列的步骤和事件，磨合、同居、订婚，直到步向结婚的终点。当然，在这个过程中还会发生很多事情，但你们都明白。这是一个过程，为了达到理想的结果，一路上需要做出不同程度的承诺和合作。做生意也是如此。然而，大多数企业都在要求人们第一次约会就嫁给他们，大多数企业在广告和宣传中大喊："我们有最好的产品和最好的服务……快来买我们的东西吧"，这是完全错误的做法。无论你是在 Google、Facebook、Instagram 或是 YouTube 上投放广告，要想把不感兴趣的陌生客户转化成愿意消费的客户。

这就是我们拿手的地方，乐思系统架构每一步都是环环紧如、一气呵成的，我们会在透过以下 4 大环节，将一个陌生客户逐步"加热"，让他从冷受众变暖受众、暖受众变成热受众，最后愿意采取行动来消费，真正为你带来生意，这 4 个环节分别是：

| 1/ 广告
制作吸睛的广告，引起回响，提醒观看者要采取动作（CTA） | 2/ 价值交换页
让潜在客户选择加入，并提供他们的联系方式 |
| 3/ 漏斗页面
漏斗页面的任务是让他们采取指定动作，甚至预约时间与你交谈会面 | 4/ 电话销售
面对 Ready Buyer，尽方法令他们愿意成交 |

没错，以上 4 个环节是有次序之分，广告 > 价值交换页 > 漏斗页面 > 电话销售，不过你可以灵活运用，根据我前文所述的销售力度来处理。因为架构是死的，人是生的，面对不同"暖度"的陌生客户，他们在不同环节会采取不同的行动。比如在 SEO、SEM、Google 广告得到的陌生流量，当中不乏是热受众，他们早已对某些事物感兴趣，透过 Google 搜寻资料时发现到你的产品 / 服务，所以他们可能在广告环节，已决定直接购买你的产品 / 服务。又或者好似暖受众一样，他们虽然对你感兴趣，但可能因其他原因而犹疑不决，如：他们在这时看到你的着陆页，被你引导登记了一次电话销售，那么他就极有可能被你推销成功，决定买你的东西。

然而，网上世界更多、更多、更多的是无所事事到处浏览的网民，他们是你的潜在流量，但能不能够把他们吸引住，就要看你的广告能否把他们引领进入你的销售架构当中。因此，怎样运用不同广告平台来把自己的销售力倍大化，就是一个非常值钱的技巧。在这里，我把这些技巧分享给正在你阅读的你，主要集中讨论海外两大广告平台——Google 以及 Facebook。网上有关这两个社交平台的使用攻略实在多不胜数，在此我不花太多篇幅详述那些技术性问题，反而我想讨论一下你应该以什么心态来使用这两大平台。

4.10 Google 引流

按常理来说，在运行 Google 广告时，2% 的广告账户会获得 50% 流量。那么，究竟是什么造成了这种差异呢？我经常看到有人利用 Google 广告，直接推销他们的产品或服务。他们用广告来说服你，他们才是你应该合作的对象。这太荒谬了，因为你永远不可能通过广告向别人推销产品。

广告的任务不是销售产品，而是销售点击，你的广告只有一个目的，那就是让人们采取行动，那个行动就是点击。你的广告应该吸引读者的注意力，逼使他们点击，而不是直接就购买。想象一下，你所使用的广告管道就像一条汹涌的河流，河里满是潜在客户，而你的唯一目的就是在他们流过时，你可以运用 Hook 来吸引他们的注意力。

那么这就引出了一个问题——如何吸引他们的注意力？你的文案、你的广告设计、你的一切，都要能够激发潜在客户的好奇心，或者你能够"晓之以理、动之以情"，又或是你以直接或间接利益来诱惑他们，甚至是不断以直接效果来令他们相信。更好、更富有、更强壮、更快、更健康、更快乐、更性感、更健美、更聪明……这些字词，正是吸引人们注意力的常用字。

另一方面，当涉及 Google 广告或 PPC(每次点击付费) 营销活动，你可以从不同角度去提升整体表现，我归纳成以下 9 个问题：

· 我得到的回报能比我投入多吗？

·我的关键字是否与我的市场正在使用的搜索词？

·我的转化率是否每月都在提高？

·我的每次转化成本是否在降低？

·陌生客户的需求是否与我提供的内容一致？

·我的广告文案能否吸引他们点击？

·我的 PPC 战略是否以销售为导向？

·我的营销是否到位，以便确定哪些关键字能带来销售？

·我是否关注 EPC（每次点击收益）和销售量？

很多市场推广公司，都在宣扬他们的广告有很好的 ROI，但我认为，在关注 PPC 及 ROI 的同时，你亦需要关注销售量。当你开始花费更多的时候，你的 ROI 可能会下降一些，这也是扩大营销规模的代价之一，请继续聚焦在你的营收和每次点击的收入，这些才是实打实的收益数据。请谨记，你是做生意的，不是单纯做市场推广，所有广告数据都只是参考而已，真正有钱到你的袋才是重中之重。

4.11 Facebook 引流

让我们从 2023 年 1 月，Facebook 的一般统计数据和事实开始

· 全球 Facebook 用户数（每月活跃用户）：29.63 亿

· 全球每天使用 Facebook 的人数：20 亿

· 每天登录的 Facebook 的每月活跃用户比例：67%

· Facebook 全球广告受众规模：19.83 亿

· Facebook 的全球广告受众占平台总活跃用户群的百分比：66.9%

Facebook 的每月活跃用户，相当于地球上现时总人口的 37%，从这个角度来看，比中国和印度的总人口还要多。每个人都在用 Facebook，对于市场推广来说，这是一个非常强大的平台，这里有丰富的资料和个人化广告投放设定，可以帮助你接触到最难接触的、最好的潜在客户和你最想要的目标客户，Google 对于那些"有温度的客户"来说是非常有用的，因为他们搜寻关键字词，才会接触到你的广告，本身已证明他们对这类搜寻结果感兴趣。可是，还记得这只是市场的一小部分吗？请记住，另外那 97% 客户才是市场上最大的潜在消费者。有了 Facebook，你就可以锁定那些适合你产品 / 服务的人。请记住，你的广告只有一个目的，那就是吸引人们采取行动，点击你的广告。为了做到这一点，能够驱动点击的因素，就是好奇心、吸引力、震撼力，或者点击广告能给人带来的直接利益。这就是我们要在广告中提供的重要承

诺。因此，概括地说，我们要做的就是利用这些原始欲望。

　　Facebook 广告主要是"文案 + 相片 / 影片"所做成。文案方式可以有很多种，有一个懂得写文案的高手，绝对可助你在下广告时把产品 / 服务描述得丝丝入扣，引起人们的行动欲望，甚至可配合一些符合或 emoji，让整体感觉更生动。有些人以为，人不喜欢看字，所以文案宜短不宜长，其实文案长短与销售力无关，最重要的是文案能够唤起读者的即时需要或共鸣，他们才会直接行动。广告图片是一个非常重要的元素，他们使用带有按钮的光鲜图片来吸引眼球。问题是，Facebook 是一个原生广告平台，这意味着广告应该看起来像正常的分享内容，人们会忽略那些看起来像广告的东西，因为人是会对太 Hard Sell 感到烦厌。至于广告短片，不宜设计得太有深度，也无须太华丽的视觉效果，能够以直白、幽默、资讯性的片段，或者以地道一点的内容引起读者反应，引领他们采取行动，才是最重要的。要注意的是，不要在广告中过度推销，这是你的价值交换页或着陆页的功能。一旦你把广告放在一起，并具备了所有元素，就退后一步看看广告，问问自己"我会点击它吗？我真的会感兴趣吗？"同时，他可以问问以下几条问题：

　　我的广告文案看起来太假吗？

　　我的 Facebook 广告是否以点击为卖点？

　　我的设定是否到位，以便对哪些受众和广告促成销售？

　　我是否关注每次点击的收入（EPC）和销售量？

　　我所得到的生意，是否多于我投入 Facebook 广告的支出？

　　我的广告文案是不是吸引目标客户的完美 Hook ？

我的转化率提高了吗？

我的每次转化成本是否在降低？

4.12 销售后的二次营销

上述提及组建"销售机器"的一些重点注意事项，让我们简单整理一下如何最大化每个环节的销售力，让客户更容易达到成交。

引起注意

在广告宣传的阶段，你需要引起潜在客户的注意，确保你的市场推广能够在众多竞争对手中脱颖而出，吸引目标客户的注意力。

培养兴趣

吸引了潜在客户的注意，下一步是培养他们对你产品或服务的兴趣。这可以通过提供有高价值内容，例如着陆页、网志文章、案例研究等方式来实现，确保你的内容能够处理潜在客户的难题，解决他们的痛点，而非单纯展示你的优点和特点。

引导决策

接下来，你需要引导潜在客户做出购买决策，包括提供清晰的资讯，例如产品特点、价格选项、付款方式等，并创建一个易于使用的购买流程。提供有限时间的促销优惠或限量特价，可以促使客户做出更快的决策。

成交转化

将潜在客户转化为实际成交是最终目标，你可以提供个人化的支援和协助，或者安排免费的电话会议，及时回答客户的问题，强化信任和安全感，可以增加客户的信心并促使他们进行成交。

　　当你组建了一部属于你的"销售机器"之后，你能够将之与市场推广结合的话，你就会明白"指向型营销"的精髓。当然，内里还是有数之不尽的学问，我在本书难以一一详说，如果你深感兴趣，欢迎与我们联络。

　　在我的超过十年的创业和销售生涯中，我应付超过1000个客户，其中令我茅塞顿开的一个经历，并不是什么老板、导师、教练，而是你意想不到的——医生！没错，我们要做到"像医生一样的销售"。我发现90%的销售人士都搞错了，他们在销售时基本上是把自己服务的每一个特点和优点都说出来，希望能有什么东西触动潜在客户的神经，从而让他们购买，但这并非高水平的销售。

　　正如我在第二章节中所言，别人说的难题不是难题，自己说出来才是问题，你以为你很懂得客户的所思所想，其实你太高估你自己了。当你满心欢喜，先入为主地想向客户推销某种产品或服务，试想想如果你去看医生，你未开口医生已经写了药方给你，完全跳过诊症的阶段，你会有何感受？你必须明白，无论你的销售架构多么成熟也好，总有一部分潜在客户并不适合你的销售。作为一名销售人员，你要努力诊断某人的问题，然后，如果你所销售的产品能够说明他们，你就向他们提供一个无法抗拒的报价——一个他们无法拒绝的报价。如果你帮不了他们，就直截了当地告诉他们，你的产品并不适合他们，也无法帮助他们解决问题。这样做不仅是正确的，而且如果潜在客户了解到你并不只是为了快速完成销售，而是真心实意地想帮助他们解决问题，你就会在市场上建立起良好的信誉。

　　"销售机器"并非万能，它不会把市场上所有潜在客户都一网打尽，必定会有人在接触你的市场推广之后，没有即时作出购买。这并不代表你可以放弃，相反你应加倍注意他的需求和痛点，对准机会按列步骤再营销：

个人化的讯息 　　根据潜在客户的兴趣和行为，发送个人化的再营销讯息。
不断保持接触 　　与潜在客户定期联系，以保持他们对你的产品 / 服务的关注，具体做法可包括这电邮营销、社交平台更新、网志文章、Whatsapp 群组、Facebook 专页等方式实现。
使用多个通道 　　使用多个平台进行再营销，以确保你的讯息能够覆盖更广泛的受众，结合电子邮件、社交媒体广告、短讯、Whatsapp 等多种方式，以提高再营销的效果。
创造紧逼气氛 　　在再营销讯息中，加入促销活动或限时优惠，以创造客户的紧迫感，促使他们更快地做出购买决策。
评估和再优化 　　定期评估你的再营销策略的效果，并进行必要的优化，跟踪再营销讯息的打开率、点击率、转化率，了解哪些策略和讯息效果最好，根据数据做出调整。

4.13 用文案带动电邮营销

营销渠道日新月异，但有一个"老牌"渠道在某些市场仍然发挥着巨大作用——那就是电子邮件。虽然在中国，电邮营销的使用率已大幅下降，很少人会养成每日查看电子邮件的习惯。然而，在欧美市场，情况却大不相同。

你是否注意到，当你订阅了某些国外网站后，他们会频繁地向你发送邮件？这并非偶然。在欧美，电邮营销仍然是一种极其重要的销售和创收手段。它的力量不容小觑。让我们来做一个简单的计算：假设你有一个包含 10 万订阅者的邮件列表。即使只有 3% 的转化率，这也意味着你可能获得 3000 个潜在客户。如果你的产品或服务定价为 99 美元，那么仅此一项就可能为你带来约 3 万美元的收入，折合人民币大约 20 万元！这个数字足以说明电邮营销的潜力。

进行电邮营销，你要集中在三方面：把电邮发送出去、吸引潜在客户打开邮件、引导潜在客户采取行动。

（Ⅰ）把电邮发送出去

考虑到当今邮箱和电子邮件提供商的智慧过滤系统，实现高收件箱送达率并非易事。

在当今时代，对于重视增长的企业来说，电子邮件送达率可以说是最重要的指标之一。然而，你不会发现任何市场推广人员推荐这方法。为什么？因为连行内的人也不太重视电邮营销的效果，亦觉得很多人不会看电邮。其实不然，查看电邮的人比你想象的中多得多，但前提是你能够把电邮传送给他们。如果你的电子邮件没有送达，那么它们就不会被看到、阅读或点击。如果你能将电子邮件的送达率提高哪怕两三个百分点，就能大大增加你的收入。让电子邮件送达的第一步就是要有一个好的平台。你可以运用乐思系统当中的电子邮件服务来协助你达成你的自动化电邮营销。

电邮营销也有一种评分机制，你的 IP 地址会被评分，从而影响你这个电邮地址的声誉。外国有一个网站，www.senderscore.org 就是用作为电邮地址评分，超过 90 分就是好的，超过 95 分就是极优良了，如果你的得分低于 90 分，你就有一些问题需要纠正，以下是影响寄件者评分和声誉的一些指标，包括：

邮件是否已读	邮件是否被回复
讯息是否被转发	讯息是否被标记为"非垃圾邮件"
讯息是否被移至资料夹	寄件者/网域名称是否被添加
邮件是否未打开即被删除	邮件是否被标记为垃圾邮件

千万不要被数据主导你的思想，评分高低只是参考，核心是你如何运用电邮营销，助你的市场推广效果推到更大，并创造更多生意成交。要把你的电邮营销策略强化，加入越来越多销售力的话，我会建议你要留意以下三方面要素：

➤ 与你的电邮清单建立良好关系

要发送更多有吸引力、更有价值的电子邮件，不要只向你的清单发送促销和优惠资讯，要与受众建立好感，让他们期待你的下一封邮件。要做到这一点，一个简单的方法就是确保邮件内容和价值占三分之二，优惠和促销只占三分之一，不要予人太

Hard Sell 的感觉。

➤Less is More 的风格

你的电邮不应该看起来"很华丽",不应该有大量的图片和精致的设计。你认为谁会发送这类多图多设计的电邮呢?是个人还是有促销意图的企业?企业!这些类型的电邮会向电邮服务供应商发出一个信号,表明你的电邮是大规模促销邮件,或许会不断把你的电邮安排进"宣传"类别当中,影响你的触及率。如果无法送达,就没有人打开,而如果没有人打开,就不会有人购买!对于电子邮件来说,华丽并不能促进销售,你要做的是 Marketing 和 Sales,而不是美轮美奂的 Marketing 而已。

➤ 切勿过分突出商标

很多公司会把自家商标放在每封邮件的开端,然后在邮件周围加很多背景设计,几乎把邮件设计得像网页一样,这其实可能有反效果!

因为谁会发送这类邮件呢?大企业!

大企业会发送什么类型的电子邮件?促销!

因此,这种类型的邮件会给邮件提供商一个信号:这是一封促销邮件,所以他们会将安排进"宣传"类别当中,大大损害发送率。

(Ⅱ)吸引潜在客户打开邮件

想一想你的电邮收件箱,当你每天第一次打开它时,你会做什么?

检查、检查、检查、检查、检查……删除!

你会删除所有看似促销或商业的邮件,因为你从过去的阅读中知道，它们是促销性的、商业性的，一般来说，完全是在浪费你的时间。

　　我认为每个人在扫描收件箱时，都会将邮件分为两类："P类"（Personal）以及"C类"（Commercial），前者包含个人邮件或看似个人邮件的邮件，比如来自朋友、亲戚、同事、商业伙伴等的邮件；"C类"则包含那些明显含有促销或商业资讯的电子邮件。每个人都会打开所有"P类"邮件，因为每个人都想阅读与自己有关的私人邮件，"C类"邮件会怎么样？大多数情况下，它们会被立即删除，当然，如果邮件主题行看起来足够有趣，或者如果收信人有闲置时间，感到无聊、无事可做，或许，只是或许，"C类"邮件会被打开。所以，除非他们打开你的邮件，否则就无法阅读你的邮件并看到你的报价，除非人们阅读了你的邮件并看到了你的报价，否则他们是不会向你购买的。当我们开始制作电子邮件时，我们的首要目标是让我们的电子邮件进入"P类"。

　　如何做到这一点呢？首先，我们要让邮件看起来个性化，或者至少确保它看起来不像商业邮件。无论是 Facebook、Google 广告还是电邮营销，当该平台内的资讯多到泛滥成灾，人们就会看得麻木，所看的东西都会变成"水过鸭背"，只有一种方法可以避免这种情况，就是撰写娱乐性十足、可以激发和吸引读者的邮件。人们的生活很无聊。他们不停地浏览 Facebook、Instagram、TikTok，希望得到娱乐和灵感，满脑子都是各种的网上资讯。故此，你再写那些软弱无力、枯燥乏味的邮件，只会令读者沉沉睡去，你应该改为为他们枯燥乏味的生活带来一些调味品、娱乐和刺激，让你的读者每次看到你的名字出现在他们的收件箱里时，他们的大脑中就会产生一丝期待，让他们愿意阅读你的邮件。做到这一点，他们就会等着你的下一封邮件，他们看到你的名字出现在收件箱里时，他们就会愿意打开来看，甚至与你互动，采取你想他们做的行动，当你要求他们点击连结时，他们就会点击连结。如果你掌握了这一点，你就会创造出一台电子邮件销售机器，想要提高电邮营销的销售额，最有效的方法莫过于撰写令人兴奋的娱乐性文案，为读者枯燥乏味的生活增添乐趣。

邮件打开率的主要推动因素，其中一项是你的主题。你在网上搜寻的话，会发现很多人攻略教你怎样撰写邮件文案，但甚少提及如何设计吸睛的主题，最多也是说要在主题中使用表情符号、特别标示你的重点讯息等。对于任何与电子邮件有关的事情，我的首要目标都是尽能力确保邮件被人觉得像"P类"。因此，在撰写主题行时你就要显得个性化，听起来尽可能像他们信任的朋友、家人或同事，像是正在跟他们谈话一样，你说得越像朋友，就越不会让人觉得你的邮件属于"C类"。要显得与众不同，你的主题可定得比较有趣、不设标点符号、题目尽量简洁、提出问题。有些人写电邮，会以"减肥的7个秘诀""让你财自的10个方法"之类的句式作主题，这或许会在少数情况下会奏效，但时间久了仍然不变的话，这类千篇一律的主题就会让人厌烦，让你不愿意与他们互动。不过我也明白，有时当你的创意灵感枯竭时，你需要一个范本或公式，它们可以摆脱"脑闭塞"的困境，帮助你诞生一些新的灵感，所以我在此先列出几个我公司常用的主题句式，希望你需要的创意时候，会翻阅本页看看：

1. 如何让"主题"产生"效益"21+种让你的"主题"增长

的方法。

2. 你认为自己可以"受益"吗？

3. 不做"负面"而实现"正面"的唯一方法。

4. 你应该"主题"的 5 个理由。

5. 睡觉时"受益""范本"10 个最佳"主题"。

6. "主题""名称/公司"如何做到"主题"。

7. "主题""名称/公司"负担得起任何"主题"，他使用"解决方案"。

8. "名称/公司"如何在"天数"内获得"数字/理想结果"。

9. 真正的"受众"使用"解决方案"发现"解决方案"。

10. "现在就停止"不良现状"？

11. 复制并粘贴这些"主题""最后机会"。

12. 发现今天将改变你生活的"解决方案"。

另一方面，做电邮营销须多加留意你的竞争对手，为了写出能被打开的邮件，你应该知道你的邮件要如何与那些你正在争夺读者注意力的邮件一较高下，多点登记你所在行业的竞争对手的电邮和通讯，看看他都发送邮件的内容、发送邮件的频率、主题怎样设计、在邮件中使用了什么类型的 CTA，并把这些"资料搜集的结果"放到同一个文件夹之中，你就可以对市场和同行对手，进行比较及参考。

正如之前提及过的，如果你的电子邮件没有被打开，就不可能引导人们点击并采取你想要的转化行动，好像预约、咨询或成交。都市人是没有时间及那么多精神，他们会寻找任何借口认为你的邮件无关紧要，从而将其删除。标题文字可以让他们轻松做到这一点，甚至无须点击进入邮件。这意味着此处的文案必须准确无误，主题文字的关键在于不要讲述整个故事，而是要让它充满吸引力。如果你把一切都告诉读者，就会消除所有吸引他们点击打开并了解更多资讯的诱因。我发现一般来说，最好从邮件正文中抽取一些内容，最好是在句子的中间部分，然后加以修改，使之成为标题文字。使用"悬念"或"开放式想象"文案写作技巧也很不错，可以让读者欲罢不能。悬念是指电影、书籍、报纸故事或电视节目中的一个场景，它对读者或观众有所保留。它的承诺是，如果你继续阅读或观看，你最终会得到你想知道的东西。悬念和耐人寻味是好悬念的主要成分。在电邮主题中，勾起人们的好奇心永远是最难的，你的文字要既能让内容保持模糊、又能让读者有足够的兴趣了解更多。话虽如此，但你并不一定非要用纯粹的悬念或阴谋来制造悬念。还有其他方法，包括：幽默感、惊奇、怀疑、挑战，最有效的悬疑感，要对你和你的受众来说是独特的、个性化的，但你也可以把悬念想象成这样的常用短语，比如"让我解释一下？""你有犯下这样的错误吗？""你不可不知的……"。在电子邮件中使用引人的主题，会让你获得更多的打开率、更多的点击率和更多的销售额！

千万不要忘记，要不断测试才会有最准确的结果，你需要根据自己的名单做 A/B 测试，看看哪些内容、日期、时间最多人打开及点击。

（III）点击是你的终极目的

电子邮件写得太正经的话，很容易让人失去阅读的兴趣，也不会令你往后的打开率及点击率有所提升，所以你要把内容写得像和人们在对话一样，要个人化及生动化。一封邮件是否值得你关注，首要因素不是你的用词、不是内文的多寡更加不是电邮是否设计得华丽与否，决定这一点的首要因素是——它是否具娱乐性？

不管你的内容有多有价值。如果你的语气枯燥无味，你的订阅者阅读起来就会费力不讨好，而且每一行都会遇到阻力。在这资讯泛滥的年代，他们可以选择看 Instagram、Facebook、Twitter、网志等各式各样的平台和内容，为什么要花时间看电邮？因此，你的电子邮件必须具有娱乐性，为他们平淡的生活带来一些调味品、娱乐和刺激，不要写软弱无力、枯燥乏味的邮件，让读者陷入昏睡之中。要成为他们生活中的"兴奋剂"，在撰写电子邮件文案时，你不应该撒谎，不应该欺骗，不应该使用低级趣味，不应该使用诡计，不应该粗鲁，不应该侮辱读者的智商，也不能将文案写得太稳扎稳打、枯燥乏味。反之，你要把销售力带进电邮之内，就不是生硬地将资讯陈列，也不是不断有"买吧、买吧、买吧"就是好，相反是要给他们讲故事，提出你的宝贵意见、战略和策略，告诉他们如何帮助他们实现他们想要的结果。

要写一封可以引人入胜的电邮，由上至下涉及以下 4 个部分，每一行文案都应让读者的眼睛紧盯荧幕，不断向下看：

➤ 标题 – 抓住读者的喉咙，逼使他们继续阅读。

➤ 引导 – 通过有趣的陈述或"欲言又止"来吸引读者，使他们注意到你的文案。

➤ 主体 – 用一个扣人心弦或非比寻常的故事或例子，吸引他们思考。

➤ 行动号召 – 让他们点击、分享、购买或采取任何 CTA。

打开邮件后，如何让读者真正点击你想要的 CTA 呢？第一，你的电邮设计好重要，重要在要 "Less is More"。你可能会认为，设计精美的电邮应包含大量图片、动画按键、加化 HTML、加一些精美的产品相片，塑造专业的形象……事实并非如此。如果你是读者，当你一打开电邮，已经觉得这封电邮非常精美，你第一下的感觉会是什么？你知道它有商业意图，它立刻被你归入成 "C 类电邮"，你会觉得它并不重要，或者不需要你采取任何行动，然后你就删除了它。著名数码营销公司 HubSpot 曾对 HTML 与纯文字电邮进行比较，他们发现 HTML 电子邮件的打开率和点击率并不比纯文字电邮为高，纯文字电邮比 "C 类电邮" 看起来更真实，同时有助于提高邮件的送达率。

另一方面，要把文案写得真实，其中一个方法是你无须用太华丽花巧的词语去写，但同时又不要太含糊其词，而是要以小目大，多点将画面宗出来，让读者能够想象，这种文案才会布张力，比如多点用下列的手法去写：

✕ 增加你的销售额

好好感受一下在未来 90 天将销售额翻倍的感觉……利润将直线上升，你不必再在周末为你的生意感到太烦恼……所有东西将自动营运……

✕ 你会瘦下来，看起来更漂亮

你终于可以穿上性感的小黑裙，无论走到哪里都会让人眼前一亮……甚至成为所有朋友羡慕的对象。

✕ 做自己的老板

你很快就可以打破朝 9 晚 6 的工作枷锁，按照自己的意愿生活！想象一下当阳光透过窗帘照在你身上时，你睡到自然醒，但打开手机银行的页面，依然每日都有一笔可观的收入……

把文案写得真实之后，你要引导读者采取行动，这才是你的终极目标。CTA 是必须的，尽量用文字带领读者进入你的思考领域，潜移物化的影响他们的判断。当然，有很多客户曾向我反映，他们不懂得撰写这种文案，只是懂得生硬地加入 CTA 按钮，我觉得这问题并不大。因为 CTA 就像是一个命令，你要明确地告诉读者该怎么做，太婉转反而令读者有错误判断，倒不如给予他们"嵌入式命令"，在读者的头脑中植入一种思想（状态、过程、体验或行动），让读者的思维朝着你希望的方向发展，同时不会显得你以任何方式侵入或命令他们。

4.14 AI 化的自动电邮营销

当你明白到一封电邮应如何撰写的时候，并不代表这是可持续的营销模式，假如你一年需要每天都传送一封电邮给读者，以便有效地培育潜在客户并促进销售，那么你一年就要写 365 封电邮了。作为企业老板，你可能会聘请一个电邮营销的文案专员来写，但事实上你心底里始终觉得，是不是有一些方法可以省却这项人力资源成本呢？况且，你会希望你的电邮营销规模越来越大，而且数据亦多元化、越精密就越好，所以你绝对明白电邮营销是应该要自动运行的。乐思系统的自动电邮营销服务应运而生，可以提供丰富的功能及数据分析，而且界面简单易用。通过这类软件，你可以建立电子化的电邮营销序列，让你以快捷方便形式去持续地营运你的电邮营销。自动电邮营销序列（Automated Email Marketing Sequence）是一种在预定时间和条件下自动发送的一系列电邮。这些电邮按照特定的顺序和间隔时间发送给目标受众，旨在达到特定的营销目标。序列通常由多封电邮组成，每封电邮都有其特定的目的和内容。这些序列可以根据用户的互动、行为和特定的触发条件进行触发和执行。例如，当用户注册新账户、完成购买、放弃购物车或生日到来时，自动电邮营销序列可以根据这些事件自动触发相应的电邮。要建立一个成功的自动电邮营销序列，需要考虑目标受众的需求和兴趣，设计具有吸引力和有价值的内容，确定触发条件和时间间隔，并定期监测和优化序列的效果。简单来说，它会自动地为你传送内容，一直自动地为你尽力留住你的潜在客户，慢慢向他们进行销售，引导他们最终决定向你消费成交。

这里牵涉到一个因素——你的自动电邮营销序列是为了谁而建立？当然，我们是向潜在客户作出营销，问题是你的潜在客户名单在哪里可以得来？常见的方法有几种，第一种是上文提到的价值交换页，只要潜在客户进入了你的营销架构或销售漏斗，你可以在落地页上设置注册表单或弹出视窗，提供访客订阅电邮列表的选项；第二种是提供有价值的内容，例如电子书、指南、折扣优惠等，吸引潜在客户留下电邮地址；第三种是使用社交媒体和网络宣传，宣传您的电邮订阅服务，吸引更多人订阅您的电邮列表；第四种是如果您在线下举办活动，例如会议、展览或研讨会，您可以在活动现场收集参加者的电邮地址。之后，你不断收集越来越多的电邮地址资料，潜在客户数量越来越多，方便对他们进行营销或"二次营销"，与目标受众建立持久的沟通。很多企业都会轻视了电邮营销的重要性，认为运用 Whatsapp、Telegram、微信或"Cold Call"方式，能够得到即时性反应，这样会更容易作出推销。然而，销售平台其实应该愈多愈好，加上电邮本身具有与众不同的性质，根据世界知名的数码营销公司 Smart Insight 所调查，社交媒体虽然近年更受欢迎，但其转化率不及传统电邮营销的一半，**电邮的转换率平均能达到 4.29%，而社交媒体只有 1.81%**。就算有了更精准的用户标签和投放广告工具，但社群媒体的营销精准度仍然跟不上针对特定客户精心设计的电邮营销。电邮营销序列可以重新整理你与客户间的关系，针对流失的客户或很久未互动的客户，提供专属优惠折扣，提醒久未购买的客户产生进一步的消费。当你推出新产品或服务时，发送电邮通知现有客户并提供促销折扣，可以让客户感到特别，并提高他们购买的概率。如果你有任何特殊的促销活动或优惠券，您可以通过发送电子邮件告诉您的客户。这可以帮助您提高销售额，同时让客户感受到你对他们的关注和关心。当然，不同的潜在客户要借由不同的管道触及，善用你手上的各种工具，才是最佳的营销策略，没有一个营销工具能完全符合所有的客户需求，所以透过客户的足迹数据，关注其消费历程中的行为和习惯，加以分析判断各类营销工具的功能与特性，才能更精准地在适当的时间运用合适的工具，成功地向客户推销产品及服务。总体而言，发送电邮给客户的时间应该在客户最关心的事情上，并且适应其个人时间表和偏好。如果您不确定何时应该发送电邮，可以通过市场调查、A/B 测试和客户反馈来确定最佳时间。以上种种，你只需要运用 AI 人工智能，将你的电邮营销序列自动化，在一开始前设好所有设定即可，往日它就可以一年 365 日地助你自动运行整件事。

运用乐思系统的 AI 来排列好你的电邮营销序列，作出可以自动运行的派送设定后，AI 更可以从几个方面来为你把电邮营销效果推到最大，包括：

（I）优化内容设计

AI 可以分析大量的数据和消费者行为模式，根据目标受众的偏好和需求，自动生成具有个性化特色的内容。这种个性化的内容能够更好地吸引目标受众的注意力，提高开封率和点击率，从而增加销售机会。传统的电邮营销往往面临着内容设计的困难，营销人员需要投入大量时间和精力，绞尽脑汁来撰写吸引人的内容，并且要考虑到不同目标受众的需求，牵涉复杂又费时的过程才有成品。然而，AI能够通过分析数据，了解消费者的偏好和行为模式，自动生成符合目标受众需求的内容。这种个性化的内容能够更好地吸引目标受众的注意力，提高开封率和点击率，最重要的是它能够设计出最吸引读者行动的CTA，将你的CTA命中率不断提升。

（B）简化文案撰写

AI可以学习和模仿人类的写作风格，并且根据过去的成功案例和数据，生成引人入胜的文案。文案的撰写是电邮营销中至关重要的一环。一封有吸引力的电邮标题和内容能够引起目标受众的兴趣，促使他们进一步阅读和了解产品或服务。然而，撰写扣人心弦的文案需要具备丰富的写作经验和创意思维。AI可以通过学习和模仿人类的写作风格，生成引人入胜的文案。AI能够根据过去的成功案例和数据，了解哪些元素能够吸引目标受众的注意力，并且在短时间内生成多个版本的文案，从而提高测试和优化的效率。AI的文案撰写能力不受时间和压力的限制，可以在短时间内生成多个版本的文案，无论质量和数量都可以兼顾，大大促进将你的生产效率。

（C）自动执行跟踪

AI化的电邮营销可以实现自动化的执行和跟踪。AI可以根据预设的条件和触发事件，自动发送电邮，并追踪每封邮件的开封率、点击率和转化率等指标。这样的自动化过程节省了人力和时间成本，同时提高了营销活动的效率和准确性。传统的电邮营销需要人工进行邮件的发送和跟踪工作，这不仅耗时耗力，还容易出现错误。而 AI 化的电邮营销可以通过预设的条件和触发事件，自动执行邮件发送和跟踪，并实时监测和分析营销活动的效果。这样的自动化过程节省了人力和时间成本，同时提高了营销活动的效率和准确性。

（D）声音和视觉化应用

未来，AI 化的电邮营销可能会涉及声音和视觉化应用。随着语音助手和虚拟现实技术的普及，AI 可以通过语音合成和语音辨识技术，将电邮内容转化为语音信息，实现语音推送和互动。此外，AI 还可以利用视觉化技术，将电邮内容转化为图像或影片，提供丰富的视觉体验和交互方式，打破以往平面交流的局限。此外，AI 还可以模拟人类的情感和反应，与消费者进行情感互动，提升使用者体验和营销效果。

4.15 乐思人工智能系统

　　未来的市场推广，必然是迈向 AI 人工智能化，因为数据分析的重要性会越来越重要，你要有精准的数据分析来判断市场动向，让你能够要最低的投入换取最高的产生，并且真正做到 Marketing 及 Sales 结合，以市场推广为你赚收丰厚收益。我一直都十分重视 Marketing 及 Sales 的结合，这是我创立 LAZY Marketing 时的宗旨，我把这种思维套用到客户身上，运用我的乐思营销方程式为他们取得非常触目的生意增长，整个过程一气呵成，而 AI 人工智能的发展，定然可以为我将这些步骤再优化，每个细节做得更好，未来创造更佳成果。

　　2022 年，OpenAI 发布 ChatGPT 3.5 时，我预见到一场巨变即将来临。传统的营销手法可能很快会被 AI 取代。过去，执行乐思营销方程式的每个步骤至少需要 8 名专业人员（包括文案写作、图片设计、视频制作、剪辑、落地页整合、销售流程设计、社交媒体运营和广告投放）。我的公司曾达 40 名员工，每月人工成本高达百万。然而，我相信在不远的将来，AI 将能完成整个市场营销流程，传统的市场推广公司可能面临淘汰。

　　但是，懂得"如何做"并不等同于理解整个营销流程和概念。乐思营销方程式涉及复杂的步骤和理念，还需要根据不同行业采用不同方法，这种深层次的知识和经验并非轻易可以被取代。因此，未来的关键在于掌握这本书中的营销关键，然后运用 AI 来加以执行。

因此，我决定创建一个 AI 驱动的海外市场营销系统——

乐思人工智能系统：www.lazifunnel.com

这个系统将指向型营销的概念及乐思营销方程式的做法与 AI 技术完美结合。企业家只需理解整个概念，再利用这个 AI 系统，就能高效地完成营销工作。

乐思系统能够自动生成有效的电子邮件序列、制作富有说服力的视频销售信、根据架构编写落地页、制作在线讲座活动，甚至能突破文化和语言障碍，将中国企业家的服务和产品能通过 AI 传播到海外，扩大国际上的影响力。

乐思系统的强大之处在于它能根据潜在客户的行为、兴趣和偏好提供个性化的信息。通过分析海量数据，系统能深入了解客户需求和行为模式，自动生成和发送相应的信息，提供卓越的用户体验，同时确保品牌信息的一致性。无论目标客户何时何地进入您的销售漏斗，他们都能接收到量身定制的信息，这不仅有助于建立品牌连贯性，还能增强客户对产品或服务的信任。

对于任何希望最大化营销效果，同时又想节省人力资源的企业来说，乐思系统无疑是一个明智之选。它代表了营销自动化的未来，是一个融合了多年营销经验和尖端 AI 技术的强大工具。在这个瞬息万变的数字时代，乐思系统将成为中国企业制胜海外市场的关键武器。虽然使用乐思系统已经能一键创建，但是概念还是最重要的，下一个章节，我会与你分享构建海外自动销售机器的 20 种漏斗，以及 22 种落地页的不同作用。

Chapter 5

掌握线上销售漏斗 打造属于你的全球营销神器

在这个数字化的时代，全球市场的大门向每一位企业家敞开。但如何在这片浩瀚的网络海洋中开辟属于自己的一片天地？答案就在您即将学习的线上销售漏斗精髓中。

想象一下，您正坐在一张铺满拼图碎片的桌前。每块拼图代表着销售漏斗中的一个元素：落地页、邮件序列、付费广告……建立海外营销系统，就像拼一幅复杂的拼图，看似繁复，实则是有步骤可循的。本章将教您如何识别、理解并巧妙地组合这些元素，最终拼出属于您的独特销售漏斗蓝图。

就像一位出色的拼图大师需要了解每块拼图的形状和图案才能完成整幅画面，一个成功的营销者也需要深入理解每个漏斗及销售页面的作用。我们将为您详细解读每个"拼图块"，教您如何根据不同的目标受众和产品特性，精心设计出最适合您的"出海营销方案"。这不仅仅是一套理论，更是一把开启全球市场的钥匙。通过掌握这些技巧，您将能够在国际舞台上展示您的产品，吸引全球客户，实现业务的指数级增长。这个章节就是要教会您区分并创建每个"拼图块"，然后将它们巧妙组合，最终建立起属于自己的 24 小时海外销售机器。

5.1 在线销售的七个关键阶段：从流量到高额转化

在线销售的成功远非简单地将产品上架网络平台那么容易。过去十年间，中国跨境电商行业经历了一场戏剧性的兴衰轮回。这个行业以惊人的速度崛起，吸引了无数创业者。然而，伴随着市场竞争的加剧，这个曾被视为"风口"的行业很快便显露出疲态。众多外贸从业者倾向于将商品直接上架于亚马逊、阿里巴巴、eBay、TEMU 等国际电商平台，但这种做法已沦为千篇一律的策略，突围之路唯有价格战。然而，这种单纯依靠低价吸引的顾客往往缺乏忠诚度，难以建立长久的商业关系。这种粗浅的上架策略不仅导致恶性价格竞争，大幅压缩利润空间，更是无法树立品牌形象，限制了产品的溢价潜力，甚至难以获得平台算法的青睐。因此，要在网络世界中打造蒸蒸日上的事业，吸引并留住高质量客户，必须精心制定全面的营销策略，以下为在海外线上销售的七个关键阶段。

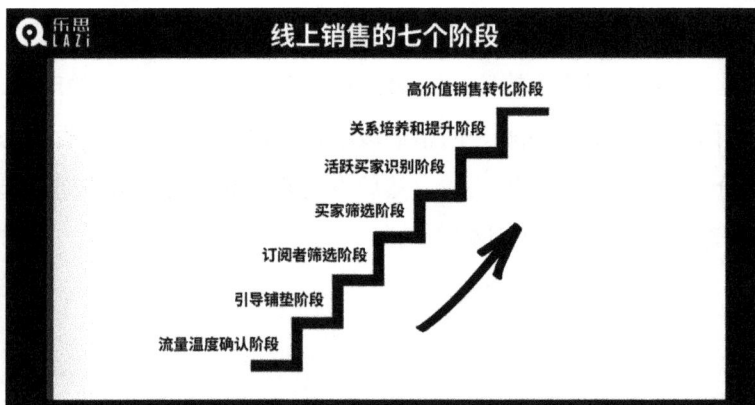

线上销售的七个阶段

高价值销售转化阶段
关系培养和提升阶段
活跃买家识别阶段
买家筛选阶段
订阅者筛选阶段
引导铺垫阶段
流量温度确认阶段

阶段一：流量温度确认阶段

确认流量的温度是在线销售的起点。在这个阶段，我们需要识别和分类进入销售漏斗的流量。通常，我们将流量分为冷流量、温流量和热流量。

冷流量是最具挑战性的群体，他们完全不认识您或您的品牌，可能有问题但不知道解决方案。他们会针对自己的痛点在互联网上搜索，然后刚巧看到你的广告或 Blog。针对这类流量，您需要从他们的问题或需求出发，首先识别问题并提供帮助。

温流量通常来自他人的介绍或推荐，或者是在网上已经留意了你一段时间但还不了解您的受众。这类受众对您有初步认知，但还需要进一步建立信任。要吸引他们买单，利用合作伙伴或运用现有客户的背书是一个有效策略。

热流量是指那些已经认识您或您的品牌的人。对于这类流量，个性化沟通至关重要。您可以通过讲述品牌故事、分享个人观点来加深与他们的联系。你可以直截了当的推广新产品或服务，甚至是对他们采取见面式的高额销售（如受地域限制，也可以以线上会议的方式见面）。

根据广告大师欧仁·M·施瓦茨（Eugene M.Schwartz）的理论，我们应该根据潜在客户的认知阶段来设计营销信息：从 Unaware（无知）到 Problem Aware（问题认知），再到 Solution Aware（解决方案认知），最后到 Product Aware（产品认知）。这个理论与流量温度的概念高度吻合，为我们提供了一个有效的框架来设计营销策略。

对于不同温度的流量，我们需要创建不同的漏斗和落地页。

热流量的落地页应直接展示产品信息和案例研究；温流量的落地页应提供比较内容，帮助评估解决方案；而冷流量的落地页则应创建教育性内容，提高问题意识。

在实施这种分层营销策略时，建议先专注于最容易获得成果的群体，按热、温、冷的顺序逐步扩展。尽管冷市场通常规模最大，成功连接冷市场可能带来巨大销售增长，但它也是最具挑战性的。通过精心设计的策略和持续优化，我们可以有效地将冷流量转化为温流量，最终转化为热流量，从而实现销售的持续增长。

阶段二：引导铺垫

引导铺垫是营销过程中常被忽视但极其重要的一步。它的核心理念是在访客到达您的主要销售页面之前，预先设定他们的心态，建立信任和理解。这个过程对于提高转化率至关重要。

了解如何管理不同温度的流量是构建有效营销漏斗的关键。一个有效的整体框架应该首先将不可控制的流量导向博客和社交媒体。这些平台可以作为您的品牌和价值主张的展示窗口。接着，将可控制的流量导向价值交换页面。这里可以提供免费但有价值的内容，以换取访客的联系信息。一旦收集到邮箱，就可以开始一系列精心设计的电子邮件营销活动。这些邮件要像"肥皂剧"一样吸引人，逐步增加受众对您品牌的了解和信任。电子邮件序列结束后，可以转向日常邮件通信。这些邮件可以包含有价值的内容、行业洞察和产品信息。在日常邮件中，适时展示前端产品报价，这是将潜在客户转化为实际客户的关键步骤。最后，使用不同的营销漏斗来销售价值阶梯上的不同产品。这允许您根据客户的需求和准备程度提供不同级别的产品或服务。

价值阶梯是一种战略性的产品和服务结构，旨在通过逐步增加价值和价格来引导客户进行更多消费。它通常从"诱饵"的起点开始，这通常是免费或低价的产品或服务。诱饵的主要目的是吸引潜在客户的注意力，为后续销售奠定基础。接下来是前端产品，这是客户的第一次付费体验。价格相对较低，但要提供足够的价值以建立信任。中端产品提供更高的价值，价格适中，旨在进一步满足客户需求，同时引导他们考虑更高级的解决方案。后端产品是价值阶梯中最昂贵但也最全面的解决方案，通常为客户提供最高级别的服务或最先进的产品。最后，持续性计划可能是会员制或订阅服务，为客户提供持续的价值，同时为企业创造稳定的收入流。

实施价值阶梯策略时，重要的是确保每个层次的产品或服务都能提供与其价格相称的价值。在不同层次之间建立清晰的价值递增，使用有效的营销信息来突出每个层次的独特优势，并为客户提供从一个层次升级到另一个层次的明确路径。

阶段三：订阅者筛选

订阅者筛选是一个至关重要的环节。在上一个章节我已强调了在海外市场中电子邮件营销的重要性。要吸引访客提供他们的电子邮件地址，关键在于价值交换。我们需要提供有价值的内容，如深入的行业报告、解决特定问题的电子书，或教育性的视频课程。这些内容应该与我们最终要销售的产品或服务相关，但不完全重叠，以激发受众的兴趣，同时为后续的销售铺平道路。

价值交换页面在这个过程中扮演着关键角色。这些页面应该清晰地展示我们的价值主张，同时设计简洁的表单来收集访客的联系信息。好的价值交换页面不仅能吸引合适的订阅者，还能自动筛选出那些对我们的产品或服务不感兴趣的访客。

订阅者筛选还能帮助我们了解哪些类型的内容最受欢迎，从而调整我们的内容策略和产品开发方向。然而，我们也需要注意平衡，避免设置过高的门槛导致潜在订阅者流失。

阶段四：买家筛选

买家筛选阶段是将潜在客户转化为实际购买者的关键时刻。这个阶段的成功关键在于迅速行动，不要犹豫延迟。一旦确定了订阅者的资格，立即进行销售是至关重要的。这种即时行动的理念基于一个核心原则：如果有人愿意进行第一次购买，只要我们能持续提供价值，他们很可能会继续购买。因此，我们应该设计一个流程，让订阅者直接进入可以购买的页面，而不是经过复杂的中间步骤。

在产品定位方面，初次购买的价格应设定得非常低，以消除潜在买家的购买障碍。一个常见的策略是使用"免费加运费"的两步下单页面。这种方法利用了人们对"免费"的心理偏好，同时通过运费来覆盖部分成本。这不仅能降低客户的风险感知，还能增加他们尝试的意愿。然而，买家筛选并不止于第一次购买。一旦客户完成了初次购买，我们就应该采取不同的营销策略，进入高级客户转化阶段。在这个阶段，我们可以逐步引入更高价值的产品或服务，因为这些客户已经对我们的品牌建立了初步的信任。

还有一个非常重要的策略，就是将订阅者和买家分为两个不同的电邮序列清单和漏斗页面，进行差异化对待。对于已经购买的客户，我们可以提供更加个性化的服务或独家优惠。而对于尚未购买的订阅者，我们则需要继续提供价值，同时温和地引导他们进行第一次购买。

阶段五：活跃买家识别

在数字营销的世界里，超活跃买家是一群特殊而宝贵的客户。他们通常正经历某种急迫的需求或痛苦，这种状态驱使他们在短时间内愿意购买多种产品。对于营销者来说，识别并把握这些买家是一项关键技能，因为他们代表着巨大的商业机会。

了解超活跃买家的特征至关重要。他们往往处于一种迫切需要解决问题的状态，这种状态使他们比普通消费者更愿意尝试各种解决方案。因此，我们的首要任务是准确把握他们当前的痛点和需求，并迅速提供多个选择来满足这些需求。如果我们无法及时满足他们，他们很可能会转向其他网站或竞争对手寻求解决方案。

值得注意的是，超活跃买家的状态通常是短暂的。这种强烈的购买欲望可能会随着时间的推移而消退，因此我们需要在这个窗口期内抓住机会。这就要求我们的营销策略要快速、灵活，能够在短时间内提供多样化的产品选择。为了最大化这个机会，我们需要制定持续的转化漏斗。在初始优惠之后，应该紧跟一系列的推销和降价活动。这不仅能满足超活跃买家的即时需求，还能持续刺激他们的购买欲望。同时，这种策略也有助于我们不断识别和吸引新的超活跃买家。

一旦识别出超活跃买家，我们就应该采取差异化的营销和服务策略。这可能包括提供个性化的产品推荐、专属的客户服务，甚至是定制的产品套餐。这种差异化对待不仅能满足他们的特殊需求，还能建立长期的客户关系，将这些临时的高消费者转化为忠实的长期客户。

阶段六：关系培养和提升

关系培养和提升是最持久的一个阶段。与前五个阶段通常在短短 20 分钟内完成不同，这个阶段是一个长期的过程，旨在使客户关系成熟和升华，最终鼓励客户向朋友推荐产品或服务。这个阶段的核心策略是持续提供价值。这不仅仅是简单地推销更多产品，而是帮助客户充分利用他们已经购买的产品或服务。给予客户足够的时间深入使用已购产品，让他们真正感受到所提供的价值，这是建立长期忠诚度的关键。

在这个阶段，营销策略会发生显著转变。从最初的销售漏斗，我们逐渐转向其他类型的漏斗，如运用"申请漏斗"（在本章节尾段会详细介绍）或高价转化计划。这种转变反映了客户关系的深化，我们不再仅仅关注单次销售，而是着眼于客户终生价值的提升。关系培养和提升阶段采用的是渐进式提升策略。我们逐步将客户引导至更高价值的产品或服务，而不是急于在短期内实现快速提升。这种方法尊重了客户的节奏，给予他们充足的时间来认识和欣赏每一个层次的价值，从而建立起持久的信任关系。

阶段七：高价值销售转化

在数字营销的世界里，成功并不仅仅停留在线上交易。真正的高端销售，是将线上的专业形象转化为线下的实质互动，最终实现高价值的成交。

经过前六个阶段的精心培育，你已在客户心中树立了专家形象。这时，你可以巧妙运用"申请漏斗"策略，让客户主动申请与你进行更深入的交流。无论是电话咨询、面对面会面，还是线上会议，这种由客户发起的互动，大大提高了转化的可能性。

这种销售模式可以类比为医生式销售。正如病人会信赖医生开具的处方，客户也会相信你为他们"开具"的解决方案。因为在他们眼中，你不仅是销售人员，更是行业内的"医生"，能够准确诊断并解决他们面临的问题和痛点。

此时的你，已经从普通的销售人员蜕变为行业专家。你不再仅仅是在销售产品，而是在提供专业的诊断和解决方案。这种角色转变，使得客户更容易接受你的建议，甚至是高价格的提议。因为在他们看来，这不是一次简单的购买，而是一次价值投资。这种高端销售模式的精髓在于，它完美地将线上营销的广泛触及与线下互动的深度结合起来。从最初的冷流量获取，到最后的亲身接触（基于地域问题，线上露面会议也可达到此效果），每一个阶段都在为最终的高价值成交铺路。这个过程不仅仅是销售技巧的展现，更是信任建立的过程。

通过这种方式，你可以突破传统线上销售的局限，实现几乎任何金额的高价单。因为到这个阶段，客户购买的不仅仅是产品或服务，而是你的专业知识、解决问题的能力，以及你所代表的价值和地位。

在七步线上销售阶段中，销售不再是单纯的交易，而是一次双方共同成长的旅程。通过精心设计的每个阶段，你不仅赢得了客户的钱包，更赢得了他们的信任和尊重。这就是真正的高端销售，也是整个线上销售阶段流程的最终目标。

5.2 落地页解析：22 个打造高效营销漏斗的关键工具

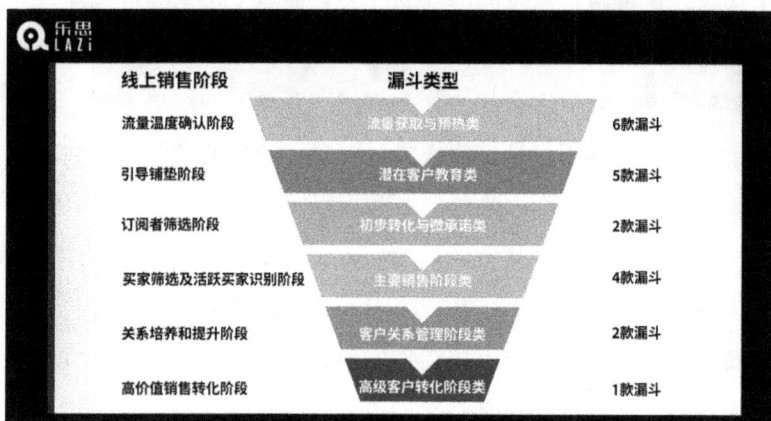

营销概念听起来复杂，但实际操作并不困难。我们为您精心打造了乐思系统，融合了多年的营销经验和先进的 AI 技术，为您的海外营销之路扫清障碍。这个系统将复杂的理论转化为简单易懂的步骤，指导您如何将产品和服务推向国际市场。乐思系统基于线上营销的七个关键阶段，将每个阶段具体化为可操作的漏斗策略。这些漏斗策略帮助您将冷流量的潜在客户转化为高价值客户，甚至发展为长期合作伙伴。我们将这七个阶段巧妙地转化为六种不同类型的漏斗，每种漏斗都有其特定的功能和目标。

从流量获取到高级客户转化，每个漏斗都是为特定目标而设计的。例如，潜在客户教育类漏斗帮助您将冷流量转化为温流量，而客户关系管理类漏斗则致力于维护长期客户关系，甚至将客户转化为您的品牌大使。

这些漏斗由不同功能的落地页组成，我们将详细介绍 22 种

不同类型的落地页，涵盖入口页面、价值内容页面、销售页面和
订单页面四大类别。通过了解和运用这些工具，您将能够构建出
适合自己业务的完整营销体系，实现国际市场的成功拓展。

5.2.1 页面种类一：入口页面类

　　入口页面是数字营销中的关键工具，它们是品牌与潜在客户
首次接触的平台。这类页面通常用于社交媒体广告，旨在吸引那
些刚刚注意到你的品牌的客户。它们的主要目的是预热流量，让
冷流量访客对你的公司、产品或服务产生初步了解。通过精心设
计的内容和互动元素，这些页面不仅能提供有价值的信息，还能
鼓励访客留下联系方式，从而将他们转化为潜在客户名单中的一
员。入口页面是品牌故事的开端，是建立客户关系的第一步，在
将冷漠的访客转变为对品牌感兴趣的潜在客户方面发挥着至关重
要的作用。入口页面类有五种不同功能的页面：

1. 价值交换页

　　在所有的线上营销步骤中，价值交换页扮演着一个关键而又
常被低估的角色。这种页面英文称为 Optin Page，是一种精心设
计的落地页，旨在实现一个简单而又至关重要的目标：收集访客
的联系信息，尤其是电子邮件地址或电话。

　　价值交换页的核心理念建立在互惠互利的基础之上。品牌承
诺提供有价值的内容或服务作为交换，访客则提供他们的联系方
式。这种交换不仅仅是信息的互换，更是信任的初步建立。

　　在实践中，价值交换页呈现出多种形式。最基本的形式就是
设计极其简洁，去除了所有可能分散注意力的元素。它就像是数

字世界中的一张名片，简洁而又直接。访客一眼就能看到页面的核心：一个引人注目的标题、一个简单的输入框以及一个醒目的行动按钮。这种设计的目的很明确：快速捕获访客的兴趣，并促使他们立即采取行动。

然而，随着用户变得越来越精明，市场也在不断演变。于是，反向型价值交换页应运而生。这种创新的方法颠覆了传统模式，首先提供有价值的内容，然后再要求用户提供联系方式以获取更多。这种方法就像是在进行一场小型的示范演出，让访客先尝到甜头，激发他们的兴趣和信任，然后再邀请他们把联络资料交给自己。

例如，一家提供在线课程的教育平台可能会使用一个包含简短视频介绍的价值交换页，展示课程的一小部分内容，然后邀请访客注册获取完整的课程大纲。另一方面，一个专注于健康饮食的博客可能会提供一份免费的食谱电子书，作为交换电子邮件地址的诱因。

再比如，一家科技初创公司可能会使用一个简洁的价值交换页，承诺提供独家的行业洞察报告，以此来吸引潜在的投资者或合作伙伴。而一个旅游博主则可能会设计一个充满异国风情的价值交换页，提供一份详细的旅行清单或独家优惠券，吸引旅行爱好者订阅他们的邮件列表。

无论采取何种形式，成功的价值交换页通常包含几个关键元素。首先是一个引人注目的标题，它清晰地传达了价值主张。其次是一个简单的输入框，通常只要求提供电子邮件地址。然后是一个醒目的行动按钮，鼓励访客立即采取行动。更复杂的价值交换页可能会包含一个简短的视频，进一步解释所提供的价值。

价值交换页

LOGO

加入我们的邮件列表

想要及时了解行业最新动态和专业见解吗？订阅我们的邮件列表，获取独家内容和更新！

- ✓ 每周收到精选的行业新闻和分析
- ✓ 获取专家撰写的深度文章和案例研究
- ✓ 优先获悉我们即将举办的活动和研讨会信息
- ✓ 与行业专业人士建立联系的机会

请输入您的电子邮箱地址

立即订阅

我们尊重您的隐私，您的信息将受到严格保护，绝不外泄，您可以随时取消订阅。

2. 吸客礼品页

这种页面的核心理念简单而直接：通过提供有价值的礼品，来换取潜在客户的电子邮件地址，就像是一种互惠互利的约定。

对品牌而言，获取潜在客户的联系方式意味着建立持续沟通的渠道，为未来的营销活动奠定基础。对潜在客户来说，他们能够免费获得有价值的礼品，满足自身的需求或好奇心。这种交换不仅仅是信息的互换，更是价值的互换，是建立信任的第一步。吸客礼品的形式多种多样，但最常见的类型包括：行业深度报告、精美电子书、教育性视频，或其他形式的独家内容。例如，一家金融咨询公司可以提供一份详尽的市场趋势分析报告；一位健康生活博主可能会赠送一本包含健康食谱的电子书；一个在线教育平台则可能提供一系列免费的教学视频。这些礼品的共同点在于，它们都能为目标受众提供实质性的价值。

吸客礼品页的成功与否，很大程度上取决于所提供礼品的吸引力。如果页面的转化率较低，这通常意味着礼品本身不够吸引人，或者与目标受众的需求不够匹配。因此，深入了解目标受众，创造真正有价值且相关的内容，是制作成功吸客礼品的关键。一个有效的吸客礼品页通常包含几个关键元素。首先是一个引人注目的标题，它清晰地传达了礼品的价值和独特性。紧随其后的可能是一张吸引眼球的图片或一段简短的视频，直观地展示礼品的内容或价值。副标题则进一步详细说明礼品的好处，加深潜在客户的兴趣。页面的核心是一个简洁的输入框，通常只要求访客提供电子邮件地址。最后，一个醒目的行动按钮邀请访客完成这次交换。

　　举个例子，想象一个专注于职业发展的咨询公司。他们的吸客礼品页可能会这样设计：一个醒目的标题"解锁你的职业潜力：2023 年最热门的 10 大技能"，配上一张象征职业成功的专业图片。副标题可能会进一步解释："这份独家报告将帮助你在竞争激烈的就业市场中脱颖而出"。页面中央是一个简单的表单，要求访客输入他们的电子邮件地址，旁边是一个醒目的"立即获取报告"按钮。再比如，一家瑜伽工作室可能会创建一个吸客礼品页，提供一系列"7 天减重十斤瑜伽挑战"的视频。页面可能会包含一段简短的示范视频，展示课程的质量和风格。标题可能是"7 天减掉你的肚子"，副标题则详细说明课程的好处和独特之处。

　　在这个信息爆炸的时代，人们的注意力越来越宝贵。吸客礼品页不仅仅是一个简单的交换平台，更是品牌与潜在客户之间的第一次深度互动。它需要在提供足够价值以吸引访客的同时，又不过度承诺而影响未来的转化。这是一个微妙的平衡，需要深思熟虑的策划和持续的优化。

乐思 LAZi 吸客礼品页

LOGO

免费获取"高效营销策略"电子书

想要在竞争激烈的市场中脱颖而出吗？立即下载我们的免费电子书，掌握最新的营销技巧！

✓ 了解当前市场趋势和消费者行为

✓ 掌握数字营销的核心策略

✓ 学习如何创建引人注目的内容

✓ 发现如何利用社交媒体提升品牌知名度

请输入您的电子邮箱地址

立即获取免费电子书

我们重视您的隐私，您的信息将受到严格保护，绝不外泄。

3. 问卷页

问卷页是一种简单又高效的页面。即便是最基础的问卷也能对后续页面的转化率产生显著的正面影响。问卷的主要目的并不总是在于收集答案。相反，它的核心价值在于提高用户的参与度。当访客回答问题时，他们不知不觉地投入了时间和注意力，这种投入会增加他们对后续内容的兴趣和接受度。这就是为什么即使你不真正使用收集到的数据，问卷依然能够发挥强大的作用。

然而，问卷页的潜力远不止于此。对于那些善于利用数据的营销者来说，通过精心设计的问题，你可以收集关键信息，这些信息可以用来个性化后续的营销信息。例如，如果你的问卷中询问了访客的性别，你就可以在随后的销售页面上展示专门针对男性或女性的销售视频。这种个性化的方法可以显著提高信息的相关性和吸引力，从而提升转化率。

举个例子，想象一家新兴的健康食品公司正在使用问卷页。他们的页面顶部可能会放置一个充满活力的公司 logo 或主题横幅，下面是一个简单的问题："您最关心的健康问题是什么？"接着是几个选项，如"减重""增肌""能量提升"等。页面底部是一个醒目的"提交"按钮。这样的设置不仅能收集有价值的客户洞察，还能让公司在后续页面中提供更加个性化的产品推荐。再比如，一家在线教育平台可能会使用问卷页来了解访客的学习目标。他们可能会问："您希望在未来 6 个月内掌握哪项技能？"然后列出诸如"编程""数字营销""外语"等选项。基于用户的选择，平台可以在后续页面推荐相关的课程或学习路径。

问卷页的真正价值在于它能够巧妙地融合数据收集、用户参与和个性化营销。它不仅仅是一个信息收集的工具，更是一个建立联系的桥梁。通过询问问题，品牌向潜在客户传达了一个重要信息：我们关心你的想法，我们想要了解你。这种方法能够有效地建立信任，增强品牌与客户之间的联系。

在设计问卷页时，简洁是关键。过于冗长或复杂的问卷可能会导致用户流失。理想的情况是，问卷应该简短、有趣，并且能够迅速捕获用户的兴趣。同时，问题的设计应该与你的营销目标紧密相连，确保收集到的每一条信息都能为后续的营销策略提供价值。

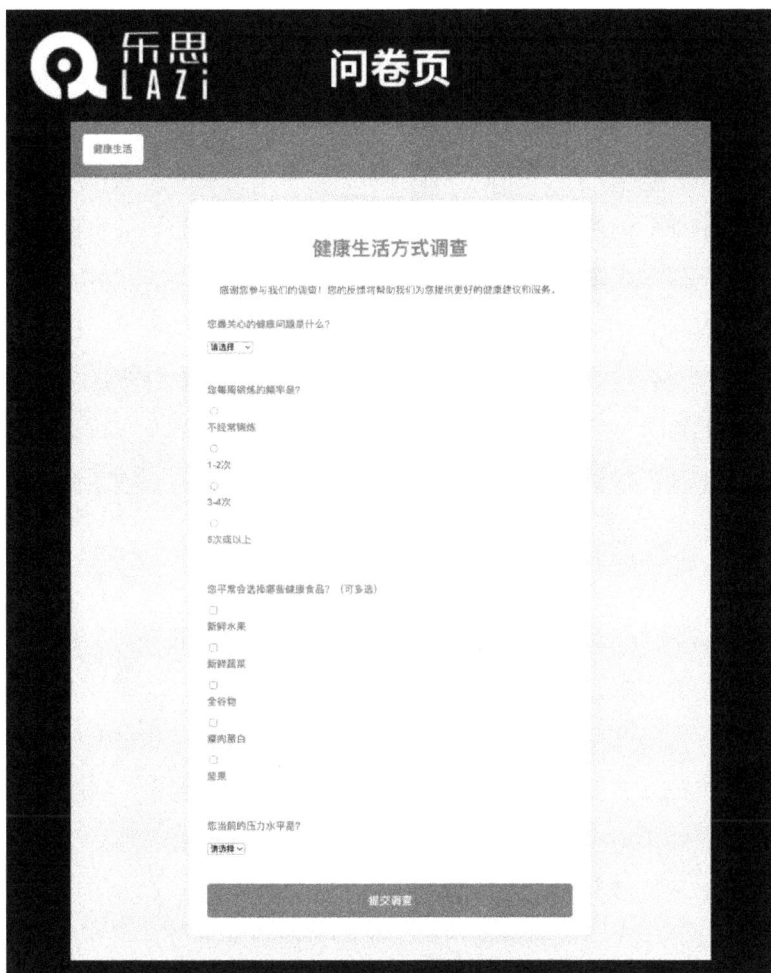

4. 创业故事页

创业故事页的核心目的是突出展示一个企业或个人品牌的独特之处。它不仅仅是在讲述一个故事，而是在塑造一个引人入胜的品牌形象。通过精心设计的创业故事页，企业家们可以向世界展示他们的愿景、价值观和成就，从而在竞争激烈的市场中令人留下深刻印象。

这种页面不仅可以用来吸引人们订阅电子邮件列表，还能鼓励访客在各大社交媒体平台上关注你或你的品牌。许多成功的企业家和百万级网红常常在他们的电子邮件签名和社交媒体简介中链接到他们的创业故事页，将其作为一个中心枢纽，连接所有其他的不同页面。

一个典型的创业故事页通常以一个引人注目的标题开始。这个标题不仅仅是一句简单的介绍，更是品牌精神的浓缩。它可能是一个大胆的宣言，一个引人深思的问题，或是一个激励人心的口号。紧随其后的通常是一张精心选择的图片，可能是创始人的照片或团队合照，或是能够体现品牌精神的视觉元素，以增强潜在客户的信心。副标题则进一步补充和详细地解释品牌的使命，或是简洁地概括企业的核心优势。

接下来的段落是创业故事页的核心内容，可以是文字信或是影片。企业家在这里分享他们的创业历程，阐述他们的价值观，展示他们的成就，以及描绘他们对未来的愿景。这些内容不仅仅是在陈述事实，更是在与潜在客户和粉丝建立情感联系。通过真实、激励人心的故事，访客可以更深入地了解品牌背后的人和理念。创业故事页底部包含一个输入框，用来收集电子邮件地址，邀请访客订阅品牌的 Newsletter 或获取独家内容。这是将一次性访问转化为长期关系的关键步骤。

创业故事页也包含一系列按钮链接到品牌的各个社交媒体账号，邀请访客在不同平台上关注和互动。它们也可能是行动召唤按钮，鼓励访客采取特定的行动，比如"立即订阅"、"了解更多"或"联系我们"。

创业故事页的价值在于它能够成为品牌在线上的中心枢纽。通过将所有社交网络的链接整合在一个页面上，并直接邀请人们加入电子邮件列表，它为访客提供了多种与品牌保持联系的方式。这种策略不仅能够增加品牌的曝光度，还能帮助建立一个忠实的追随者社群。

创页故事页

LOGO

从梦想到现实：我们的创业之旅

创新、坚持、突破：这就是我们的故事

我们的起点

五年前，在一个小车库里，我们怀揣着改变世界的梦想开始了这段旅程。我们看到了一个问题，一个机会，一个可以让生活变得更美好的想法。

克服挑战

创业之路从来不是一帆风顺。我们面临过资金短缺、技术瓶颈和市场质疑。但每一次挫折都让我们变得更强大，每一个难题都推动我们更加创新。

成长与蜕变

通过不懈努力和团队的齐心协力，我们的小小梦想逐渐成长为一家影响数百万人生活的企业。我们不仅创造了价值，更重要的是，我们正在实现当初的愿景。

展望未来

今天，我们站在新的起点上。未来充满挑战，但也充满机遇。我们将继续创新，继续努力，为用户创造更多价值，为世界带来更多正面改变。

想要了解更多我们的故事和最新动态吗？

输入您的邮箱　　　　　　　　　　　　　　　　　　　　　【了解我们的故事】

Facebook　Twitter　LinkedIn　Instagram

5. 问题收集页

问题收集页的目的是通过精心设计的问题和互动形式，企业可以直接从目标受众那里获取最真实、最迫切的需求信息。这种方法不仅能帮助企业更好地理解客户，还能为创新和产品开发提供直接的灵感来源。

一个典型的问题收集页通常以一个引人注目的标题开始。这个标题要清晰地传达页面的目的。例如，"告诉我们您于'特定行业'最大挑战"或"您希望在'特定领域'看到什么改变？"这样的标题能够立即激发访客的兴趣和参与欲。紧随其后的是一段简洁而有力的段落。这个段落的作用是进一步解释页面的目的，强调参与调查的重要性，并可能简要说明企业将如何利用收集到的信息。这里的语言应该友好、诚恳，让访客感到他们的意见被重视和珍惜。

页面的核心部分是输入框和表单。这里是收集实际问题和反馈的地方。设计良好的表单应该简洁明了，问题数量适中，以避免访客感到负担。问题的设计应该既能获取有价值的信息，又能保持参与者的兴趣。开放式问题和多选题的结合通常能够获得最丰富的反馈。一个醒目的提交按钮是页面的关键组成部分。这个按钮不仅仅是一个功能性元素，更是一个行动召唤。它应该设计得引人注目，并带有鼓励性的文字，如"分享您的想法可以令目标更快达成"。

问题收集页的价值远不止于收集信息。它是进行简单调查和询问活动的理想平台。对于即将推出新产品的企业来说，问题收集页可以成为引起公众注意的第一步。通过这种方式，企业不仅可以收集有价值的反馈，还能开始培养潜在客户的兴趣，为未来的产品发布奠定基础。此外，问题收集页还是吸引冷流量的有效工具。通过社交媒体或其他营销渠道将用户引导到这个页面，企业可以开始与潜在客户建立初步联系。即使这些访客还不是购买意向强烈的客户，他们的反馈和意见仍然可以为企业提供宝贵的市场洞察。

问题收集页也能够帮助企业识别客户需求，从而创建更加贴合市场需求的产品或服务。通过分析收集到的反馈，企业可以发现当前产品线中的缺口，或者找到改进现有产品的方向。这种直接来自客户的反馈往往比传统的市场研究更加真实和有价值。

最后，企业应该明确说明如何处理收集到的信息，以及是否会就调查结果与参与者进行后续沟通。

专业解答您的财税难题

作为行业领先的会计税务公司，我们致力于为您提供专业、晨及时的财税咨询服务，无论您是个人还是企业，我们都能为您量身定制最优解决方案。

为什么选择我们？

- 20年以上行业经验，专业团队为您保驾护航
- 紧跟最新税法变化，确保您的利益最大化
- 一对一专属顾问，为您提供个性化服务
- 快速响应，24小时内给予专业回复

您的姓名

请输入您的姓名

电子邮箱

请输入您的电子邮箱

联系电话

请输入您的联系电话

问题类别

请选择

您的具体问题或需求

请详细描述您的财税问题或需求，我们的专家将为您提供针对性解答

问题紧急程度

一般，可在一周内回复

提交问题，获取专业解答

5.2.2 页面种类二：销售页面类

销售页面是漏斗当中最重要的部分，专门设计用来促进销售转化。这类页面是将已经对产品或服务产生兴趣的潜在客户转化为实际购买者。销售页面通过各种方式吸引访客注意力，如详细的产品描述、引人入胜的视频演示、直观的商品展示、便捷的申请流程和真实的用户评价。这些页面不仅提供全面的产品信息，还通过精心设计的视觉元素和说服性文案来激发购买欲望。它们通常包含清晰的价值主张、产品优势、社会证明和强烈的行动号召，旨在消除潜在客户的疑虑，增强他们的购买信心。无论是长篇幅的文字说明，还是生动的视频演示，这些销售页面都致力于为访客提供一个无缝的购买体验，最终实现销售转化的目标。

1. 销售长文页

销售长文页是一种在数字营销领域备受推崇的工具，其根源可以追溯到互联网时代之前。这种营销方式最初是以实体信件的形式出现的，通过实体邮寄发送给潜在客户。这些长篇信件包含详细的产品描述、客户见证和诱人的优惠，旨在说服读者购买产品或服务。随着时间的推移，销售信的有效性在线下市场得到了充分的验证。当互联网兴起时，营销人员敏锐地意识到这种方法在线上环境中可能会产生更加显著的效果。于是，销售信自然而然地转移到了数字平台，演变成了我们今天所熟知的销售长文页。

在数字时代，大多数营销人员采用特定的脚本结构来撰写销售信。这种结构首先介绍一个成功案例，然后讲述一个引人入胜的故事，最后提出解决方案。这种叙事方式能够有效地吸引读者的注意力，建立情感连接，并最终引导他们采取行动。而在乐思系统中的人工智能则可在你输入特定公司资料后，便会为你自动化写出相关销售脚本。

尽管视频营销页在近年来大行其道，但销售长文页仍然是将访客转化为买家的最有效方式之一。事实上，很多研究表明，销售信的转化率往往高于视频。这可能是因为文字允许读者以自己的节奏吸收信息，更容易跳过或重读某些部分，从而更好地理解和消化内容。

此外，由于使用销售长文页的营销人员相对较少，这种方式反而更容易在竞争激烈的市场中脱颖而出。在一个被短视频和图片轰炸的世界里，一封精心销售信能够提供深度信息和详细论证，这对于需要更多信息才能做出购买决定的消费者来说尤为重要。

一个典型的销售长文页包含几个关键元素。首先是引人注目的标题，它的作用是立即抓住读者的注意力，通常包含一个大胆的声明或诱人的承诺。紧随其后的是副标题，它们贯穿整个页面，突出要点并保持读者的兴趣。页面的主体由多个段落组成，这些段落详细阐述产品或服务的特点和优势，解答潜在问题，并提供社会证明。文字内容通常会穿插相关的图片，这些图片可能展示产品、满意的客户，或者是使用产品后的效果。在页面的战略位置，通常会放置醒目的行动召唤按钮，如"立即行动"或"马上注册"。这些按钮的设计和放置都经过精心考虑，目的是在读者被说服后，引导他们立即采取行动。

无论是推广高端奢侈品，还是推销日常用品，销售长文页都可以进行相应的调整。它可以是简洁明了的，也可以是长篇大论的，关键在于提供足够的信息和论证，以说服读者采取行动。

创作一个有效的销售长文页并非易事。它需要深入了解目标受众，精通写作技巧，并且能够巧妙地平衡信息性和说服力。成功的销售长文页不仅能够传达产品的价值，还能建立信任，消除疑虑，并最终促使读者采取行动。

乐思 LAZi　销售长文页

纤体魔方

革命性减肥方案 - 90天内轻松减重20斤，重塑理想身材！

亲爱的朋友，你是否曾经...

- 为自己日益增长的体重而烦恼？
- 尝试过无数种减肥方法却收效甚微？
- 因为身材问题而失去自信？

如果你对以上任何一个问题的回答是"是"，那么请继续往下读，因为你即将发现一个改变人生的秘密！

介绍：纤体魔方 - 你的专属减肥助手

纤体魔方是一款革命性的减肥产品，它结合了最新的营养学研究成果和尖端科技，为你量身打造适合的减肥方案。无需节食、无需剧烈运动，只需每天坚持使用纤体魔方，你就能轻松实现减重目标！

纤体魔方如何帮助你减肥？

- 加速新陈代谢，燃烧顽固脂肪
- 抑制食欲，减少热量摄入
- 改善肠道环境，促进排毒
- 增强体力，提升运动效果

> "使用纤体魔方3个月后，我成功减重25斤！不仅恢复了自信，还收获了更多的赞美和机会。纤体魔方真的改变了我的人生！" - 张女士，35岁，上海

为什么选择纤体魔方？

- 纯天然配方，无副作用
- 科学配比，效果显著
- 简单易用，适合各类群体
- 多项临床试验验证真实有效

立即行动，重塑理想身材！

现在订购纤体魔方，即可享受以下优惠：

- 限时折扣优惠
- 赠送价值299元的《轻松瘦身食谱》
- 免费获得3个月在线营养师指导

90天无条件退款保证

如果在90天内使用效果不明显，我们将全额退款，并赠送价值500元的健身课程作为补偿！

[立即订购，开启瘦身之旅]

注意：库存有限，每天限量100份。想重拾有理想身材的你，还在等什么？现在就行动起来吧！

2. 视频销售页

这种销售方式被广泛认为是能够带来最高转化率的页面布局之一。视频销售页结合了传统销售信的说服力与现代多媒体技术的吸引力，为潜在客户提供了一种引人入胜的产品体验。

值得注意的是，VSL（视频销售信）与国内流行的短视频营销有着显著的不同。西方消费者在做出购买决定时，往往会投入大量时间来了解和研究产品。这种深度研究的倾向导致了一个有趣的现象：一条优秀的视频销售信平均长度通常在 20–30 分钟。这种长度允许营销者全面地展示产品的特性、优势、使用场景，以及可能遇到的问题和解决方案。通过这种详细的介绍，客户能够完全了解产品的价值主张、功能特点、使用方法，以及如何能够解决他们的特定需求或问题。这种深入的了解不仅能够增强客户的信心，还能大大提高转化率。

然而，对于许多中国企业家和营销人员来说，将产品和服务推广到国际市场时往往面临着一个重大障碍：语言不通。这个问题不仅影响了沟通的效果，也限制了他们在全球市场中的竞争力。幸运的是，随着技术的进步，这个难题正在被逐步解决。

乐思系统巧妙地结合了人工智能数字人技术和视频脚本架构，为中国企业提供了一个突破语言障碍的创新解决方案。通过这个系统，中国企业家可以轻松创作出吸引外国客户的、具有强大销售力的视频脚本。更令人兴奋的是，系统还能根据用户的外貌特征，生成一个说着流利英语的数字化版本。这意味着，即使不精通外语，中国企业家也能制作出专业、流畅的英语销售视频，从而将自己的公司和产品无障碍地推广到国际市场。

　　这种突破性的技术不仅消除了语言障碍，还为中国企业开辟了全新的国际营销渠道。它使得制作高质量、本地化的视频销售页变得前所未有的简单和高效。通过这种方式，中国企业可以更加自信地进军全球市场，展示他们的产品和服务，而不必担心语言和文化的差异会成为阻碍。

　　视频销售页的核心自然是视频本身，视频内容包括产品演示、客户见证、问题解决方案的展示，或者是富有感染力的品牌故事。关键在于，视频必须保证加载速度快，以确保用户体验的流畅性。

　　视频销售页的一个独特而关键的元素是"视频剧透框"。这个设计位于视频下方，其功能是展示视频中的四个关键元素。这个设计的目的十分明确：通过预览关键内容，激发观众的好奇心，促使他们观看更长时间的视频。这是一种智慧的策略，因为它不仅能增加视频的观看时长，还能确保观众不会错过视频中最重要的信息点。

视频销售页

中华市场专家

助力您的企业征服13亿消费者的中国市场

無法播放影片
在 YouTube 上觀看

| 本土化策略 | 数字营销专长 | 政府关系管理 | 成功案例分享 |

立即预约免费咨询

深度本土化策略

我们的团队由中国市场专家组成，深谙中国消费者心理和行为模式，我们为您的品牌量身定制本土化策略，确保您的产品和服务精够准确捕捉到中国消费者的心。

全方位数字营销

在中国，数字营销至关重要。我们精通微信、微博、抖音等主流社交媒体平台，帮助您的品牌在中国数字空间中脱颖而出，获得最大曝光度。

关键政府关系管理

在中国市场取得成功，良好的政府关系不可或缺。我们拥有丰富的政府关系管理经验，帮助您顺利导航复杂的监管环境，为您的业务扫清障碍。

成功案例保证

我们已经成功帮助数百家外国企业在中国市场站稳脚跟。无论您是初创企业还是跨国巨头，我们都有相应的成功经验，为您的成功提供有力保障。

开启您的中国市场征程

3. 套餐页

套餐页的设计理念源于心理学原理：当面对多个选择时，消费者更容易做出决定，尤其是当这些选择被精心设计成能够突出某个特定选项的价值时。

套餐页的设计通常借鉴了销售长文页和视频销售页的成功经验。页面的标题需要立即抓住访客的注意力，可能是一个大胆的声明或者一个诱人的承诺。紧随其后的副标题进一步解释了主标题，或者提供了额外的吸引力。这两个元素的巧妙结合为整个页面定下了基调，激发了访客的兴趣和好奇心。

在标题和副标题之后，通常会有一段简洁而有力的介绍段落。这个段落的作用是进一步解释产品或服务的核心价值，同时巧妙地引导读者关注套餐选项。这里的文字需要精心打磨，既要简洁明了，又要富有说服力。有效的段落不仅能够解释为什么客户需要这个产品或服务，还能暗示为什么选择套餐是一个明智的决定。

紧接着，页面的核心部分就是套餐选项的展示。与单一产品选项不同，套餐页通常会提供 3 个不同级别或类型的套餐。这种设计的巧妙之处在于，它不仅为客户提供了选择的自由，还暗示了套餐价格更低，价值更高的概念。每个套餐都清晰地列出了包含的内容和价格，让客户一目了然。

为了方便用户比较不同套餐，设计师们通常会采用表格或并排布局。这种视觉上的直观对比能够帮助客户快速理解每个套餐的优势和劣势。在这个过程中，每个套餐的独特优势都会被巧妙地突出显示，这可能包括某些特殊的功能、更长的使用期限，或者更多的附加服务。

在多个套餐选项中，通常会有一个被标记为"最受欢迎"或"最佳价值"的选项。这个选项往往是商家最希望客户选择的套餐，因为它可能提供了最佳的利润率或者最有可能带来长期客户。为了突出这个选项，设计师们会使用各种视觉元素，如鲜艳的色彩、醒目的标签，甚至是略微放大的尺寸。这些设计元素的目的是引导用户的注意力，增加他们选择这个套餐的可能性。

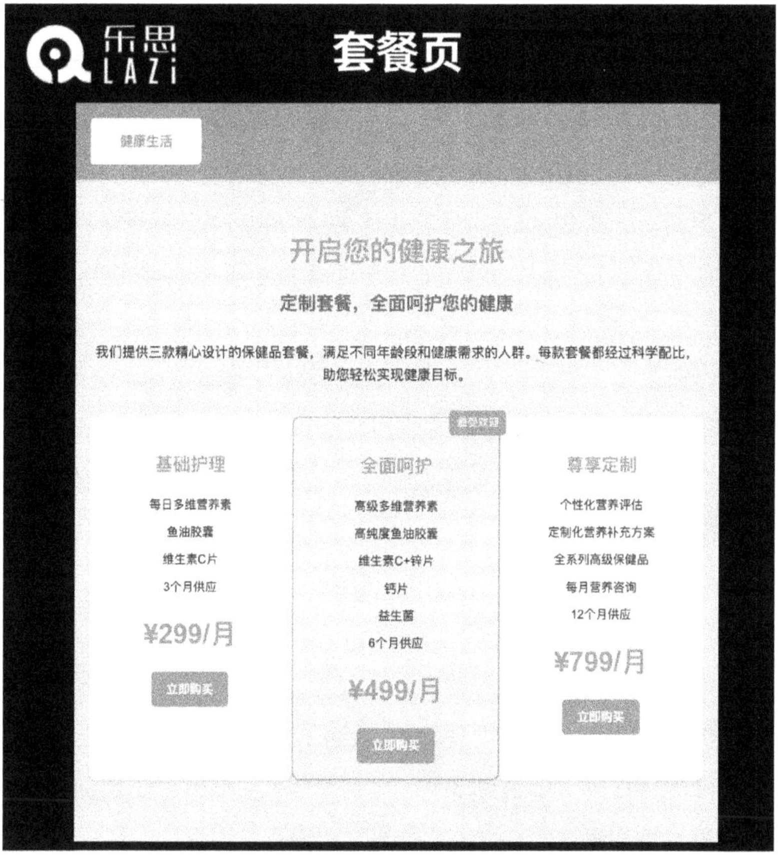
乐思
LAZi
套餐页
健康生活
开启您的健康之旅
定制套餐，全面呵护您的健康
我们提供三款精心设计的保健品套餐，满足不同年龄段和健康需求的人群。每款套餐都经过科学配比，助您轻松实现健康目标。
基础护理
每日多维营养素
鱼油胶囊
维生素C片
3个月供应
¥299/月
立即购买
全面呵护
高级多维营养素
高纯度鱼油胶囊
维生素C+锌片
钙片
益生菌
6个月供应
¥499/月
立即购买
尊享定制
个性化营养评估
定制化营养补充方案
全系列高级保健品
每月营养咨询
12个月供应
¥799/月
立即购买

4. 商品橱窗页

对于那些拥有多样化产品和服务的企业而言。这种页面设计结合了传统电子商务网站的直观性与现代销售漏斗的高效性，为企业提供了一个展示其全方位产品线的理想平台。

当访客首次进入商品橱窗页时，他们的目光通常会被页面顶部醒目的横幅吸引。这能瞬间提升页面的专业感和可信度。紧随其后的标题立即抓住访客的注意力，可能是一个简洁有力的品牌宣言，或是一个突出企业独特价值的口号。紧接着，副标题进一步阐述了主标题的内容，或者提供了额外的吸引力。这个副标题可能会简要介绍公司的产品范围，或者强调公司的核心优势。标题和副标题的巧妙结合为整个页面定下了基调，激发了访客的兴趣，并引导他们继续浏览页面的其他部分。

商品橱窗页的核心部分是产品展示区。企业可以展示他们提供的所有不同产品和服务的图片。这些图片要准确传达产品的特性和价值。在每个产品图片下方，会放置一个醒目的按钮。这些按钮可能标注为"了解更多"、"立即购买"或其他类似的文字，立即引导他们采取下一步行动。

商品橱窗页的独特之处在于，这些按钮并不是简单地将访客引导到通用的产品页面。相反，它们会将访客直接推入为每个特定产品量身定制的销售漏斗。这种设计的优势在于，它能够为每个产品提供更加个性化和针对性的销售体验。例如，当访客点击了一款高端智能手表的图片后，他们可能会被引导到一个专门设计的销售页面。这个页面可能会详细介绍这款手表的独特功能，展示使用场景，提供客户评价，甚至可能包含一个简短的产品演

示视频。这种深度的产品介绍和个性化的销售策略大大增加了转
化的可能性。

　　商品橱窗页的另一个优势在于它的灵活性。企业可以根据季
节、促销活动或市场趋势轻松调整产品的展示顺序和重点。例如，
在假日季节，企业可能会将礼品类产品放在更显眼的位置；而在
新产品发布时，又可以将新品置于页面的顶部。

　　此外，商品橱窗页还为交叉销售和向上销售提供了绝佳的机
会。通过智能地组合相关产品，或者在某些产品旁边展示其升级
版本，企业可以巧妙地引导客户考虑购买更多或更高价值的产品。
商品橱窗页的设计还需要考虑到用户体验。页面布局应该清晰直
观，让访客能够轻松地浏览所有产品。通常，设计师会采用网格
布局，确保每个产品都有足够的展示空间，同时又不会让页面显
得杂乱。此外，添加筛选和搜索功能也是常见的做法，这可以帮
助访客更快地找到他们感兴趣的产品。

5. 申请页

申请页面为企业提供了一个绝佳的机会，不仅可以展示其专业知识，还能吸引真正有意向的客户主动申请更深入的交流。这种策略尤其适用于高价值的教练项目、咨询服务，以及任何在正式销售前需要深入沟通的产品或服务。

申请页面的标题需要立即抓住访客的注意力，传达出清晰与急切的感觉。例如，"与行业顶尖专家一对一咨询，助您三个月内业绩翻倍"或"申请定制化解决方案，突破企业发展瓶颈"。这样的标题不仅能够激发潜在客户的兴趣，还能暗示申请过程的专属性和价值。副标题可能会强调申请过程的简便性，或者突出申请者可能获得的独特利益。例如，"仅需 3 分钟，即可获得价值 \$1000 的免费咨询"或"限量 50 个名额，先到先得"。这种设计不仅增加了紧迫感，还进一步强化了服务的价值和排他性。

在标题和副标题之后，许多成功的申请页面会嵌入一段视频。这个视频通常由公司的创始人、首席执行官或知名专家主讲，目的是建立信任和增加个人联系。视频内容可能包括对服务的详细介绍、成功案例分享，或者对潜在客户所面临问题的深入洞察。通过视频，企业可以更直观地展示其专业知识和个人魅力，这对于建立信任和增加申请转化率至关重要。

申请页面的核心部分是申请表单，其中包含了多个输入框。这些输入框的设计需要精心考虑，既要收集足够的信息以筛选合适的申请者，又不能过于冗长而吓退潜在客户。常见的信息包括姓名、电子邮件地址、电话号码、公司名称、职位等。对于更高端的服务，可能还会询问一些具体问题，如"您的主要业务挑战是什么？"、"您能够接受多大的代价以改变现况？"或"您希望通过我们的服务达成什么目标？"这些问题不仅有助于企业更好地了解客户需求，还能让申请者感受到服务的个性化和专业性。在申请表单的底部，通常会放置一个醒目的按钮。这个按钮的文字需要经过精心设计，以鼓励行动，同时还要与整个页面的专业形象相匹配。例如，"提交申请"、"预约免费咨询"或"开始您的成功之旅"等。按钮的颜色和大小也需要精心考虑，以确保它在视觉上足够突出，能够吸引用户点击。此外，在表单周围添加一些社会证明元素，如客户评价、成功案例或媒体报道，可以进一步增强申请者的信心。

申请页面的另一个重要特点是它的筛选功能。企业可以初步筛选出最有可能成为理想客户的申请者。这不仅提高了后续沟通的效率，还能确保企业的资源被用在最有价值的潜在客户身上。例如，对于一个高端商业咨询服务，可能会询问申请者的公司规模、年营业额或具体的业务挑战。这些信息可以帮助企业快速识别那些最有可能从其服务中受益，同时也有能力支付高价的客户。申请页面还可以巧妙地运用心理学原理来提高转化率。例如，通过强调申请名额的限制性（如"仅剩10个名额"），可以激发潜在客户的稀缺心理和紧迫感。又或者，通过展示已经申请的人数（如"已有500+企业家成功申请"），可以利用社会证明效应来增加申请者的信心。

申请页面的成功还在于后续的跟进流程。一旦潜在客户提交了申请，企业应该立即发送一封确认邮件，感谢他们的兴趣，并清楚地说明下一步的流程。这可能包括安排一个初步的电话咨询，或者发送一些预备性的资料。快速而专业的回应可以进一步增强申请者的信心，提高最终转化为付费客户的可能性。在当今时代，这种由客户主动发起的深度互动，无疑为企业提供了一个独特的竞争优势。

乐思 LAZi 申请页

全球商法专家

申请免费咨询：解锁您的全球商业法律难题

仅需3分钟，即可获得价值5000元的一对一专业咨询

無法播放影片
在 YouTube 上觀看

姓名

电子邮箱

公司名称

职位

目标海外市场
请选择

您面临的主要法律挑战是什么？

提交申请，获取专业建议

"全球商法专家团队的专业建议帮助我们成功进入欧洲市场，避免了众多潜在的法律风险。他们的服务无可替代！" - 张三，某知名科技公司CEO

6. 评价页面

评价页面是连接初步接触和最终销售的重要桥梁。通常出现在潜在客户留下联系方式后。这个页面的主要目的是通过展示客户见证和成功案例，增强访客对公司或产品的信心，为后续销售做好铺垫。

评价页面的标题需要立即抓住访客的注意力，同时巧妙地与他们刚刚完成的行动建立联系。例如，对于刚刚注册了免费讲座的访客，一个有效的标题可能是"您离成功仅一步之遥：看看其他学员是如何实现突破的"。这样的标题不仅肯定了访客的选择，还激发了他们对未来可能成果的期待。副标题可能会强调即将展示的成功案例的多样性或影响力。例如，"从初创企业到行业巨头，看看我们如何帮助各类企业实现10倍增长"。这种设计不仅增加了可信度，还暗示了服务的广泛适用性。

在标题和副标题之后，评价页面的核心通常是一系列客户见证或案例研究。这些内容可能以文字、图片或视频的形式呈现。其中，视频可以生动地展示客户的转变过程，从面临挑战到取得成功。这种形式不仅能够传递更多信息，还能在情感上与观众产生共鸣。视频内容可能包括客户描述他们最初面临的问题、他们是如何发现并使用了产品或服务以及最终取得的惊人成果。真实的客户现身说法，分享他们的成功经历，这种方式比企业自己宣传要有说服力得多。视频中可以穿插一些数据和图表，以直观地展示成果，增加可信度。

页面底部通常设有醒目的行动号召按钮，引导访客进入下一阶段，如限时优惠页面、两步下单页面或申请页面，为后续的见面或电话销售做准备。这个页面巧妙运用了社会证明原理，通过展示他人的成功经历，有效减少潜在客户的犹豫。同时，它也为即将推销的产品或服务做了巧妙的铺垫。

评价页面

全球保险精英

客户心声：看看我们如何为全球华人提供保障

从留学生到海外企业家，我们的服务助力每一位客户实现梦想

無法播放影片
在 YouTube 上觀看

张明　张明 · 美国留学生

"全球保险精英的服务让我在美国求学期间无后顾之忧。他们不仅为我量身定制了最适合的保险方案，还在我遇到紧急情况时提供了及时的帮助，真心感谢他们的专业和用心！"

李婷　李婷 · 加拿大创业者

"作为一名在加拿大创业的华人，我深知保险的重要性。全球保险精英不仅为我的企业提供了全面的保障，还为我的家人制定了周到的保险计划。他们的专业建议为我的事业和生活都带来了安心。"

王强　王强 · 美国高级工程师

"在美国工作多年，我一直在寻找一个能够真正理解海外华人需求的保险顾问。全球保险精英不仅精通各国保险政策，还能用我们熟悉的方式解释复杂的条款。他们的服务让我感受到了家的温暖。"

预约免费咨询

5.2.3 页面种类三：价值内容页面类

价值内容页面类是一种旨在为用户提供额外价值的落地页，加深品牌与客户之间的联系。主要目的是在用户完成某个动作后，如注册、购买或参与活动，继续提供有价值的内容和体验。这些页面通过提供信息、教育内容或独特体验，不仅增加了用户的参与度，还有助于建立品牌忠诚度。它们是用户旅程中的重要节点，能够将一次性互动转变为持续的关系，同时为品牌创造更多营销和销售的机会。通过精心设计这些页面，品牌可以持续为用户提供价值，建立更深厚的联系，并最终推动业务增长。

1. 感谢页

它是销售漏斗中的最后一个环节，也是开启新互动的起点。这个页面在访客完成购买、注册或其他重要行动后显示，不仅表达感谢之意，更是建立长期关系的绝佳机会。

感谢页面通常以一个温暖而个性化的标题开始。例如，"感谢您的信任，'客户名字'！您的成功之旅从这里开始。"这样的标题不仅表达了感激之情，还暗示了未来的价值，让客户对他们的决定感到兴奋和期待。紧随其后的可能是一段简短而有力的视频。这个视频可能是公司创始人的个人致谢，或是对客户即将体验的产品或服务的简要介绍。视频内容应该热情洋溢，充满感染力，进一步增强客户的购买决定，同时为未来的互动奠定基础。副标题则可以用来提供更多具体信息或指引。例如，"您的订单已确认，产品将在 3-5 个工作日内发货。同时，不要错过以下精彩内容！"这样的副标题不仅确认了交易的完成，还巧妙地引导客户关注页面上的其他重要信息。

感谢页面的一个关键元素是社交分享功能。这可能包括邀请客户关注公司的社交媒体账号，或者鼓励他们分享自己的购买体验。例如，"与朋友分享您的喜悦！使用品牌标签，有机会赢取额外奖励。"这不仅可以扩大品牌影响力，还能增强客户的参与感。

除了这些基本元素，感谢页面还可以巧妙地融入其他有价值的内容。例如，可以提供链接指向公司销售的其他相关产品或服务，这不仅可以增加交叉销售的机会，还能让客户了解到更多可能对他们有用的解决方案。"您可能还会对这些感兴趣"的推荐区域可以巧妙地引导客户进入新的销售漏斗。

收集反馈或评价也是感谢页面的一个重要功能。可以设置一个简单的评分系统或短期调查，询问客户的购买体验。这不仅能够帮助公司改进服务，还能让客户感到他们的意见被重视。

为了进一步增强客户的信心，感谢页面可以连接至评价页，展示一些相关的客户见证。这些见证最好与刚刚购买的产品或服务直接相关，让新客户能够看到其他人使用后的正面体验。

提供清晰的下一步行动指示也很重要。这可能包括如何使用产品、如何获取支持，或者参与即将举行的新用户培训等。明确的指引可以减少客户的不确定感，提高他们的满意度。

乐思 LAZi 感谢页

全球英才

感谢您的信任，您的全球职业之旅从这里启航！

我们已收到您的申请，我们的顾问将在24小时内与您联系。

无法播放影片
在 YouTube 上观看

分享您的喜悦

使用 #全球英才 标签分享您的求职历程，有机会赢取独家职业指导！

微信　微博　LinkedIn

您可能还对以下服务感兴趣

简历优化服务
模拟面试训练
海外求职技巧讲座

我们重视您的意见

请为您的申请体验打分：

☆☆☆☆☆

感谢您的反馈，这将帮助我们不断改进服务！

2. 活动页

在数字时代，线上活动已成为品牌与受众互动的重要方式。活动页是这种互动的核心，它不仅仅是一个信息页面，更是一个虚拟舞台，旨在为参与者创造一种身临其境的实时体验。无论是网上派对、挑战赛还是虚拟峰会，一个精心设计的活动页都能让参与者感受到现场活动的热烈氛围和即时性。

活动页面的标题应该简洁有力，直接传达活动的本质和价值。例如，"2024 年数字营销革新峰会：解锁增长的未来"。这样的标题不仅点明了活动主题，还暗示了参与者将获得的价值。而副标题则进一步阐述活动的独特卖点。它可能强调重要的演讲嘉宾、独家内容或实用的技能培训。例如，"与 50 位行业领袖一起，探索 AI 驱动的营销策略，提升您的 ROI"。这样的副标题能够激发潜在参与者的兴趣和期待。

最重要的视觉焦点是一个大型的视频播放区。这个区域在活动开始前可能展示宣传片或倒计时，而在活动进行时则直接播放实时内容。重要的是，这个视频播放器应该被设计成无法暂停或回放，以维持实时观看的紧迫感和独特性。另外，一个显眼的倒计时钟是活动页面不可或缺的元素。它不仅清晰地显示活动的具体日期和时间，还通过动态计时增加了紧迫感。看到时间一分一秒地流逝，潜在参与者更有可能立即采取行动，而不是推迟决定。

除了这些核心元素，活动页面还应该包含清晰的参与说明。这可能包括如何加入直播、如何在聊天中互动、如何提问等详细指南。这些信息应该简洁明了，确保即使是技术不太熟练的用户也能轻松参与。强调参与者将获得的具体利益和价值是提高转化率的关键。这可能包括列出参与后的预期成果，如"掌握 5 个立即可以应用的 AI 营销策略"或"获得价值 $500 的独家工具包"。具体、量化的承诺比模糊的说法更有说服力。

为了增加参与感和互动性，活动页面应该包含各种互动机制。这可能包括实时聊天框、问答区域或投票功能。这些工具不仅能让参与者感到更加投入，还能为主办方提供宝贵的即时反馈。

活动页面还应该包含明确的下一步行动指示。这可能是"立即注册"按钮，或者是特别优惠或限时促销信息。例如，"前100 名注册者可获得专家一对一咨询机会"，这样的 offer 可以刺激即时行动。活动页面的设计应该响应式，确保在各种设备上都能完美呈现。考虑到许多用户可能使用移动设备参与，移动友好的设计至关重要。在活动进行时，页面应该动态更新，反映当前的讨论话题或重要时刻。这可以通过实时更新的社交媒体墙或精彩瞬间回顾来实现，进一步增强参与感和即时性。

活动结束后，页面可以转变为回放页面，提供活动录像、吸客礼品或后续行动的机会。这不仅为错过直播的人提供了价值，还为未来的营销活动创造了素材。

乐思
LAZi
活动页
数字营销峰会
2024年数字营销革新峰会：解锁增长的未来
与50位行业领袖一起，探索AI驱动的营销策略，提升您的ROI
無法播放影片
在 YouTube 上觀看
距离活动开始还有：-68天-9时-45分-40秒
参与峰会，您将获得：
掌握5个立即可以应用的AI营销策略
获得价值$500的独家工具包
与50位行业领袖直接交流的机会
了解最前沿的数字营销趋势和技术
获取提升ROI的实用技巧和案例分析
立即注册
演讲者1
John Doe
Google营销总监
演讲者2
Jane Smith
Facebook广告策略师
演讲者3
Mike Johnson
AI营销专家
活动日程
时间
主题
演讲者
9:00 - 10:00
开幕致辞：数字营销的未来趋势
John Doe
10:15 - 11:15
AI在个性化营销中的应用
Jane Smith
11:30 - 12:30
提高转化率的数据驱动策略
Mike Johnson

3. 线上讲座报名页

在西方营销世界，基本上每天都有上千万场线上讲座在运行。一个精心设计的线上讲座报名页不仅仅是一个简单的注册入口，它是激发兴趣、传递价值、促进行动的关键工具。这个页面的设计和内容直接影响着潜在参与者的决策，因此需要周到的考虑和精心的策划。

首先，报名页面的核心任务是激发人们对即将举行的线上讲座或网络课程的兴趣。这需要从多个角度入手，首要的是突出显示事件的独特价值。页面应该清晰地传达参与者将获得的具体收益，例如"掌握 5 个立即可用的数字营销策略"或"学习行业领袖的成功秘诀"。这种明确的价值主张能够迅速抓住潜在参与者的注意力，让他们意识到参与讲座的重要性。

在设计方面，报名页面应该简洁明了，同时富有吸引力。使用引人注目的标题和相关的高质量图片可以传达讲座的主题和氛围。考虑到不同的标题和图片可能对不同的受众产生不同的吸引力，进行 A/B 测试是一个明智的策略。通过测试不同版本的页面，可以找出最能引起目标受众共鸣的组合，从而优化转化率。

为了增加紧迫感和刺激即时行动，在页面上添加一个倒计时器是一个有效的策略。这个动态元素不仅提醒访问者讲座的具体时间，还能创造一种"稀缺性"的感觉，促使他们尽快做出决定。例如，"距离报名结束还有 24 小时"这样的倒计时可以显著提高转化率。

见证是增强可信度和吸引力的强大工具。在报名页面上展示以前参与者的正面评价或成功案例，可以有效地消除潜在参与者的疑虑。这些见证应该具体、真实，最好包含参与者的姓名和照片，以增加可信度。例如，"参加这个讲座后，我的网站流量在一个月内增加了50%"这样的具体见证比泛泛而谈更有说服力。另外，为了进一步刺激报名，可以考虑提供早鸟优惠或限时奖励。例如，"前50名报名者可获得讲师一对一咨询机会"或"今天报名可享受20%的折扣"。这些优惠不仅可以提高转化率，还能创造一种紧迫感，促使访问者立即采取行动。

注册过程的简化是提高转化率的关键。报名表单应该设计得简单直接，只收集必要的信息。避免过长或复杂的表单，因为这可能会让潜在参与者望而却步。确保表单与您的邮件营销系统无缝集成，这样可以自动化后续的沟通过程。一旦访问者完成注册，后续的沟通同样重要。设置一系列提醒邮件可以确保注册者不会忘记参与活动。这些邮件可以包含讲座的详细信息、预习材料、技术要求等，帮助参与者做好充分准备。同时，这些邮件也是保持参与者兴趣和期待的好机会。

最后，不要忘记在页面上添加社交分享按钮。鼓励已注册的参与者分享活动信息可以扩大影响范围，吸引更多潜在参与者。

乐思 LAZi 线上讲座报名页

TCM Seminar

Discover the Power of Traditional Chinese Medicine

A Comprehensive Online Seminar for Western Audiences

What You'll Learn:

✓ Fundamentals of Traditional Chinese Medicine (TCM)
✓ 5 key TCM practices for everyday health
✓ How to integrate TCM with Western medicine
✓ Practical TCM solutions for common health issues
✓ The science behind acupuncture and herbal remedies

Registration closes in: -52 days -18:-60:-21

"This seminar opened my eyes to the incredible potential of TCM. I now have a new set of tools to improve my patients' well-being."

- Dr. Sarah Johnson, MD

"As a skeptic, I was amazed by the scientific evidence presented. This course bridged the gap between Eastern and Western medicine for me."

- Michael Chen, Pharmacist

Register Now

Full Name:

Email Address:

Profession:

Secure Your Spot Now

4. 线上讲座确认页

在线上教育和培训领域，确认页面是连接注册与参与的关键环节。一个精心设计的确认页不仅仅是一个简单的"感谢"页面，它是激发兴趣、传递价值、提高参与率的强大工具。

首先，确认页面应以醒目的标题开始，明确表达感谢之意。例如，"感谢您注册'2023数字营销创新峰会'！"这样的标题不仅确认了注册成功，还重申了活动名称，加深参与者的印象。

紧随其后的应该是线上讲座的关键信息。线上讲座日期和线上讲座时间（Webinar Time）应该清晰可见，最好采用大号字体或醒目的颜色。例如，"日期：2024年3月15日 | 时间：下午2：00-4：00（北京时间）"。这些信息的突出显示能帮助参与者迅速抓住最重要的细节。

为了方便参与者记住活动时间，页面应该提供"添加事件"功能。这个按钮或链接应该允许用户一键将活动添加到他们的数字日历中，无论是Google日历、Outlook还是其他常用日历应用。这个简单的功能大大提高了参与者准时出席的可能性。

除了基本信息，确认页面还应该包含如何参加讲座的详细指南。这可能包括登录链接、所需的技术准备（如安装特定软件）以及任何预习材料的链接。提供这些信息不仅能减少技术障碍，还能增加参与者的投入度。

为了进一步激发兴趣并创造对线上讲座的兴奋感，可以在确认页面上展示活动亮点或议程预览。例如，"您将学习到：1.AI在营销中的5大应用；2.如何提高转化率300%的秘诀；3.行业领袖的独家见解"。这种预览不仅能让参与者对即将到来的内容充满期待，还能帮助他们更好地规划自己的时间。

确认页面还是提供特别优惠的绝佳机会。例如，"作为感谢，我们为您准备了限时优惠：购买我们的'数字营销工具包'可享受 50% 折扣，仅限今天！"这种策略不仅可以增加即时收入，还能进一步增加参与者的投入度，因为他们已经在活动中有了实际的投资。

为了提高实际参与率，可以考虑在确认页面上添加一个倒计时器，显示距离活动开始还有多长时间。这种视觉元素能够创造一种紧迫感和期待感，促使参与者安排好时间准时参加。

社交分享功能也是确认页面的重要组成部分。鼓励注册者通过社交媒体分享他们即将参加的讲座，不仅可以扩大活动的影响力，还能增加参与者的承诺感。可以考虑为分享者提供额外的奖励，如独家内容或抽奖机会。

如果组织者的目标是通过确认页面引导参与者进入其他销售漏斗以收回广告成本，那么页面设计就需要更加精妙。可以考虑在页面上添加相关的产品推荐，如与讲座主题相关的书籍、课程或工具。这些推荐应该自然地融入页面，不要显得过于强硬或喧宾夺主。

Q 乐思 LAZi 线上讲座确认页

TCM Seminar

Thank You for Registering for the Traditional Chinese Medicine Seminar!

Seminar Details:

Date: September 15, 2024

Time: 2:00 PM - 4:00 PM (Eastern Time)

Platform: Zoom (link will be sent via email)

Seminar starts in: 25 days 7:53:58

Add to Calendar

What You'll Learn:

- The core principles of Traditional Chinese Medicine
- How to integrate TCM practices into your daily life
- The science behind acupuncture and herbal remedies
- TCM approaches to common health issues
- Q&A session with our expert TCM practitioners

To ensure a smooth experience, please:

- Install Zoom on your device before the seminar
- Test your audio and video settings
- Prepare any questions you have for our experts

As a special thank you, use code **TCMEARLY** for a 20% discount on our "Introduction to TCM" e-book!

Excited about the seminar? Share with your friends!

Share on Facebook   Share on Twitter   Share on LinkedIn

5. 线上讲座回放页

这种特殊的网页不仅为错过直播的观众提供了宝贵的学习机会，还为主办方创造了额外的价值转化窗口。让我们深入探讨线上讲座回放页的本质、特点和最佳实践。

线上讲座回放页在本质上与线上讲座广播室相似，但有一个关键区别：它赋予了观众控制权。观众可以根据自己的节奏播放、暂停甚至回看演示内容，这种灵活性大大提高了学习体验和内容吸收率。这一特性使回放页成为直播后继续传播知识和价值的理想平台。

回放页的标题应该简洁明了地概括讲座主题，同时激发观众的好奇心和学习欲望。例如，"揭秘：顶级营销专家的流量倍增策略"。副标题则进一步详细阐述讲座的核心价值，如"学习如何在 30 天内将网站流量提升 200% 的实用技巧"。页面的中心是视频播放器，播放器应该清晰、易用，最好配有高清画质选项和字幕，以适应不同观众的需求。在视频周围，可以添加关键时间点的标注，让观众能快速定位到感兴趣的内容部分。

倒计时钟也是创造紧迫感的有力工具。它可以显示回放视频的剩余可用时间，例如"此回放将在 23 小时 59 分钟后关闭"。这种时间限制不仅能刺激观众及时观看，还能增加他们对内容的重视程度。

通常，回放视频会在限定时间内可用，之后便会过期并从页面上消失。这种策略既创造了稀缺性，又保持了内容的新鲜度和独特性。根据最佳实践，将回放页面的可用时间设置在 48 到 72 小时通常能带来最高的转化率。这个时间窗口足够灵活，能让大多数感兴趣的观众有机会观看，同时又不至于让内容变得"太容易获取"而失去价值感。

　　主办方应该密切跟踪观看时长、参与度等关键指标。例如，了解大多数观众在哪个时间点退出视频，可以帮助改进内容结构或识别最有价值的部分。同时，分析转化率与回放可用时间的关系也很重要。这些数据可以帮助确定最佳的回放时长，在最大化观看量和维持内容稀缺性之间找到平衡。

　　最后，不要忘记在回放页面上加入社交分享按钮。鼓励观众分享他们的学习体验或关键收获，可以帮助扩大讲座的影响力，吸引更多潜在观众。可以考虑为分享者提供额外奖励，如独家内容或下一场讲座的优先注册权。

乐思 LAZi 线上讲座回放页

TCM Webinar

Secrets of Traditional Chinese Medicine for Optimal Health

Discover ancient wisdom for modern wellness: Learn how to balance your body and mind using TCM principles

無法播放影片
在 YouTube 上觀看

This replay will be available for: 72:0:0

Key Timestamps:

- 0:00 - Introduction to Traditional Chinese Medicine
- 15:30 - Understanding Qi and Energy Balance
- 30:45 - Herbal Remedies for Common Ailments
- 45:20 - Acupuncture: Myths and Facts
- 1:00:00 - TCM Dietary Principles for Optimal Health
- 1:15:30 - Q&A Session

Get TCM Starter Kit

Did you enjoy the webinar? Don't miss out on our exclusive TCM Starter Kit, which includes:

- E-book: "TCM Basics for Beginners"
- 30-day meal plan based on TCM principles
- Guide to common Chinese herbs and their benefits
- Video series: "5-minute TCM exercises for daily balance"

Share this valuable knowledge with your friends!

Share on Facebook   Share on Twitter   Share on LinkedIn

6. 产品发布页

产品发布页的核心是一系列通常包含 3-4 个视频的内容集。每个视频都精心设计，具有特定的教育和预售目的。这种分段式的内容呈现方式允许营销者逐步深化产品理念，同时给予潜在客户充分的时间来消化信息，建立信任，并逐渐产生购买欲望。

视频内容是产品发布页的灵魂。第一个视频通常聚焦于问题识别和解决方案的概述。它可能深入探讨目标受众面临的痛点，并暗示产品如何解决这些问题。例如，如果产品是一个财务管理工具，第一个视频可能讨论普通人在理财方面面临的挑战，以及为什么传统方法往往失效。

第二个视频可能更深入地探讨解决方案的细节，展示产品的独特卖点和核心功能。它可能包含一些案例研究或用户见证，以增加可信度。同时，这个视频也为下一个视频做铺垫，可能会暗示还有更多有价值的信息即将揭晓。

第三个视频通常聚焦于产品的实际应用和潜在结果。它可能展示详细的使用教程，或者深入探讨使用产品后可能获得的长期收益。这个视频的目的是让观众能够清晰地想象自己使用产品后的生活变化。

最后一个视频是实际的销售视频。它综合前面所有的信息，强调产品的价值主张，并明确提出购买邀请。这个视频可能包含限时优惠或独特的奖励，以刺激即时购买行为。

每个视频都在特定时间后才解锁，这种策略创造了期待感和紧迫感。例如，第一个视频可能在注册后立即可看，而后面的视频则需要观看上一段视频后才可解锁。这样便可令你的客户真正了解你产品的特点、亮点、优点。

为了支持这种渐进式的营销策略，通常需要创建四个独立的页面，每个页面对应一个销售信息。这种设计允许每个页面都聚焦于特定的主题，同时为下一个页面做铺垫。例如，第一个页面可能专注于问题识别，第二个页面介绍解决方案的概览，第三个页面深入产品细节，最后一个页面则是正式的销售页面。

每个视频下方，通常会设置 Facebook 评论区域。这个功能不仅增加了页面的社交证明，还为潜在客户提供了一个互动和提问的平台。真实的用户评论可以大大增加产品的可信度，同时也为营销团队提供了及时回应疑问的机会。营销团队应该密切关注每个视频的观看完成率、点击率，以及从一个视频到下一个视频的转化率。这些数据可以帮助他们识别内容中的强点和弱点，进而不断优化视频内容和发布策略。

5.2.4 页面种类四：订单页面类

订单页面类是电子商务和数字营销中至关重要的一环，直接影响到最终的销售转化。设计目的是优化购买流程，最大化销售机会。这些页面可以利用紧迫感刺激即时购买、为犹豫的客户提供其他选择，共同的特点是简洁明了、易于操作，同时注重安全性和信任建立。它们不仅仅是交易的完成地，更是提升客户体验、增加客单价和培养客户忠诚度的重要工具。通过精心设计和持续优化这些订单页面，企业可以显著提高转化率，改善用户体验，并最终推动业务增长。

1. 限时优惠页

限时优惠页是在客户完成初始购买后，立即为其提供一个独特而有吸引力的追加销售机会。当客户输入信用卡信息并完成产品购买后，他们会被无缝引导到这个精心设计的页面。这个时候客户刚刚做出购买决定，处于一个积极的心理状态，更有可能考虑额外的相关产品。

这种方法与传统的追加销售策略有着显著的不同。在过去，如果商家想要提供额外产品，通常需要客户在每个新的销售页面上重新输入信用卡信息。这个过程不仅烦琐，还可能导致客户因为麻烦而放弃额外购买。

限时优惠页的最大优势在于其操作的简便性。客户只需点击一个"是"按钮，就可以轻松地将额外产品添加到他们的订单中。这种一键式购买体验大大降低了购买的阻力，提高了转化率。客户不需要重新输入支付信息，系统会自动使用他们刚刚提供的信用卡信息进行扣费。这种流畅的体验不仅节省了客户的时间和精力，还减少了他们在购买过程中改变主意的机会。

为了增加紧迫感和刺激即时行动，许多限时优惠页会包含一个倒计时器。这个计时器可能显示优惠的剩余时间，如"此特别优惠将在 05：59 内结束"。这种视觉提示能有效地创造一种稀缺感，促使客户迅速做出决定。

限时优惠页的内容通常会强调额外产品的价值和独特性。例如，它可能会突出这是一个"一次性机会"，或者强调"仅限新客户"的特别优惠。页面可能会详细说明产品如何补充或增强客户刚刚购买的主要产品，从而提高整体的使用体验。

这种策略的成功很大程度上取决于所提供的产品与客户初始购买的相关性。例如，如果客户购买了一本电子书，限时优惠可能是该书的音频版本或者作者的另一本相关主题的书。这种精心选择的产品组合不仅能提高销售额，还能增加客户满意度，因为它们提供了真正的附加价值。

限时优惠页还可以与其他营销策略结合使用。例如，商家可以设置一个邮件跟进序列，对于没有接受限时优惠的客户，在几天后发送一个类似但略有不同的优惠。

限时优惠页

GlobalLive

独家限时优惠：中国直播电商服务升级包

恭喜您成功订购我们的基础服务包！现在，您有一个独特的机会以优惠价格升级您的服务。

此特别优惠将在 14:55 内结束

是的，我要升级！

不，谢谢。我对目前的购买很满意

升级包包含以下额外服务：

- 专属中国KOL资源对接（价值￥50,000）
- 直播间运营高级培训课程（价值￥30,000）
- 中国社交媒体营销策略定制（价值￥40,000）
- 7*24小时VIP客户支持

原价：￥120,000，现在仅需：￥59,999！

2. 替代方案页

在电子商务的世界里，每一个潜在的销售机会都弥足珍贵。替代方案页正是基于这一理念而生的营销工具，它为那些在初始追加销售中犹豫不决的客户提供了一个新的选择。这个页面只有在客户对最初的追加销售说"不"之后才会出现，是商家挽回可能流失的销售机会的最后一道防线。

替代方案页的核心理念是理解并适应客户的各种需求和限制。当客户拒绝了初始的追加销售报价，可能是因为价格、产品形式或其他因素。替代方案页正是针对这些可能的阻碍，提供了一系列灵活的解决方案。

一个常见的策略是提供分期付款计划。对于那些对产品感兴趣但觉得一次性付款压力太大的客户来说，这是一个极具吸引力的选择。例如，如果原始追加销售是一个 499 美元的在线课程，替代方案页可能会提供"每月仅需 50 美元，为期 10 个月"的分期付款选项。这种方案不仅降低了客户的即时财务负担，还能让他们感受到商家的灵活性和体贴。

另一个常见的策略是提供物理产品的数字版本。这种方法特别适用于教育类产品或内容丰富的商品。例如，如果原始追加销售是一套实体书籍，替代方案可能是这些书的电子书版本，价格更低廉。这不仅降低了客户的成本，还提供了即时获取和便携性的额外价值。

替代方案页上的产品通常是追加销售页面上产品的"稀释版"。这意味着它可能会删减一些非核心功能或服务，但仍然保留足够的价值来吸引客户。例如，如果原始 offer 是一个包含 1

对 1 辅导的课程，替代方案可能是没有个人辅导但包含所有课程内容的版本。这种策略允许商家以更低的价格点提供产品，同时仍然保持可观的利润率。

尽管替代方案页提供的是"稀释版"产品，但强调其价值仍然非常重要。页面内容应该聚焦于即使是这个简化版本也能为客户带来的实际益处。例如，如果是一个在线课程的简化版，页面可能会强调"核心知识点全覆盖"或"自学进度更灵活"等优势。

为了增加紧迫感，替代方案页可能会包含一个限时优惠。例如，"今天购买可享受额外 10% 折扣"或"前 50 名购买者可获得免费的额外资源"。这种策略能有效地促使客户快速做出决定。

替代方案页

GlobalLive

特别优惠：中国直播电商入门套餐

我们理解您可能还在犹豫是否投资完整的升级包。为此，我们特别准备了这个入门套餐，让您以更实惠的价格体验中国直播电商的魅力！

入门套餐包含：

- 中国直播电商市场概览在线课程
- 3个热门直播平台使用指南
- 初级KOL合作策略手册
- 一个月的基础客户支持

原价：¥29,999，现在仅需：¥9,999！

或选择分期付款：每月仅¥899，为期12个月

立即购买入门套餐

"GlobalLive的入门套餐为我们打开了中国市场的大门。内容简洁实用，让我们快速上手直播电商。强烈推荐给想要尝试中国市场的海外品牌！" - 杰森，某美国快消品牌经理

此特别优惠将在 29:56 内结束

3. 两步下单页

两步下单页的最佳应用场景通常是低价产品，特别适用于"免费＋运费"的优惠模式。这种策略在心理上降低了客户的购买门槛，因为他们感觉只是在支付运费，而不是在购买产品本身。这种方法特别有效地吸引了对价格敏感的消费者，同时也为商家创造了获得新客户的机会。

两步下单页的核心在于其简化的流程。第一步要求用户输入地址信息。这个看似简单的要求实际上是一个精心设计的心理策略。当用户完成这个小小的承诺时，他们更有可能继续完成整个购买过程。这就是所谓的"一致性原则"在起作用———一旦人们采取了一个小行动，他们就更倾向于采取与之一致的更大行动。

第二步则是用户输入信用卡信息。在这个阶段，用户已经投入了时间和精力，心理上更容易接受完成购买。这种分步骤的设计不仅降低了用户的心理负担，还增加了整个过程的完成率。

两步下单页的一个独特优势在于它允许商家跟进那些未完成结账过程的潜在客户。如果用户只完成了步骤1而未完成步骤2，系统可以触发一系列跟进机制。这可能包括发送提醒邮件，提供额外优惠，或者询问是否遇到了任何问题。这种个性化的跟进不仅能够挽回可能流失的销售，还能帮助商家了解并解决用户在购买过程中遇到的障碍。

两步下单页的另一个关键特点是它可以同时作为销售页面。通常，左侧会放置销售信息，包括产品描述、特点以及用户见证等。这种设计允许商家在用户输入信息的同时继续强化产品的价值主张，增加完成购买的可能性。

4. 下单页

与两步下单页等新兴的订单收集方式相比，下单页是最传统的形式。下单页的最佳应用场景通常是那些高价值产品或服务的购买。

下单页的核心特点是一次性收集所有必要信息。这种方法虽然可能看起来信息量较大，但对于某些类型的交易来说却是必要和有效的。它允许用户在一个页面上全面审视和确认所有订单细节，这对于需要仔细考虑的购买决策尤为重要。

在设计下单页时，有几个关键因素需要考虑。首先，客户见证是增强用户信心的有力工具。在页面上有策略地放置真实客户的正面评价，可以提高潜在买家的信任度。其次，清晰明确的保证条款能有效缓解用户的购买顾虑，应该在页面上突出显示。

5. 联盟营销登记页

联盟营销登记页的核心目标是突出成为合作伙伴的好处，强调潜在的收益机会。页面应清晰传达参与计划的价值，如灵活的工作时间、无需前期投资、潜在的高额收入等。使用引人注目的标题，如"开启全球商机，共创财富未来"可以有效吸引注意力。

强调收益潜力是关键。提供具体数据和成功案例，展示其他合作伙伴的收入情况，可以有力证明联盟营销的盈利能力。同时，详细说明计划细节，如佣金结构、支付周期、推广工具等，增加透明度和信任度。

对于中国用户来说，运用乐思平台来为自身品牌建立联盟营销提供了独特的优势。这种模式特别适合吸引西方国外人士协助在线销售中国制造的商品，形成了一个极具竞争力的商业模式。这种方式的优势主要体现在两个方面：首先，西方合作伙伴难以通过其他渠道获得这些商品，使得乐思平台成为他们独特的资源渠道。其次，中国制造的商品在西方市场往往具有价格优势，这为合作伙伴提供了很大的利润空间。

成功案例和证言能增强可信度。展示不同背景合作伙伴的故事，特别是西方合作伙伴如何成功销售中国商品的案例，可以为潜在参与者提供参考和动力。

突出品牌提供的支持和资源也很重要。这可能包括营销材料、培训课程、专属管理员支持等。强调这些支持可以减少潜在合作伙伴的顾虑，增加他们加入的意愿。考虑到不同经验水平的潜在合作伙伴，页面内容应涵盖从新手到有经验营销人员的需求。包含常见问题解答部分，解答潜在疑虑。提供简单的注册流程和表单，降低入门门槛。

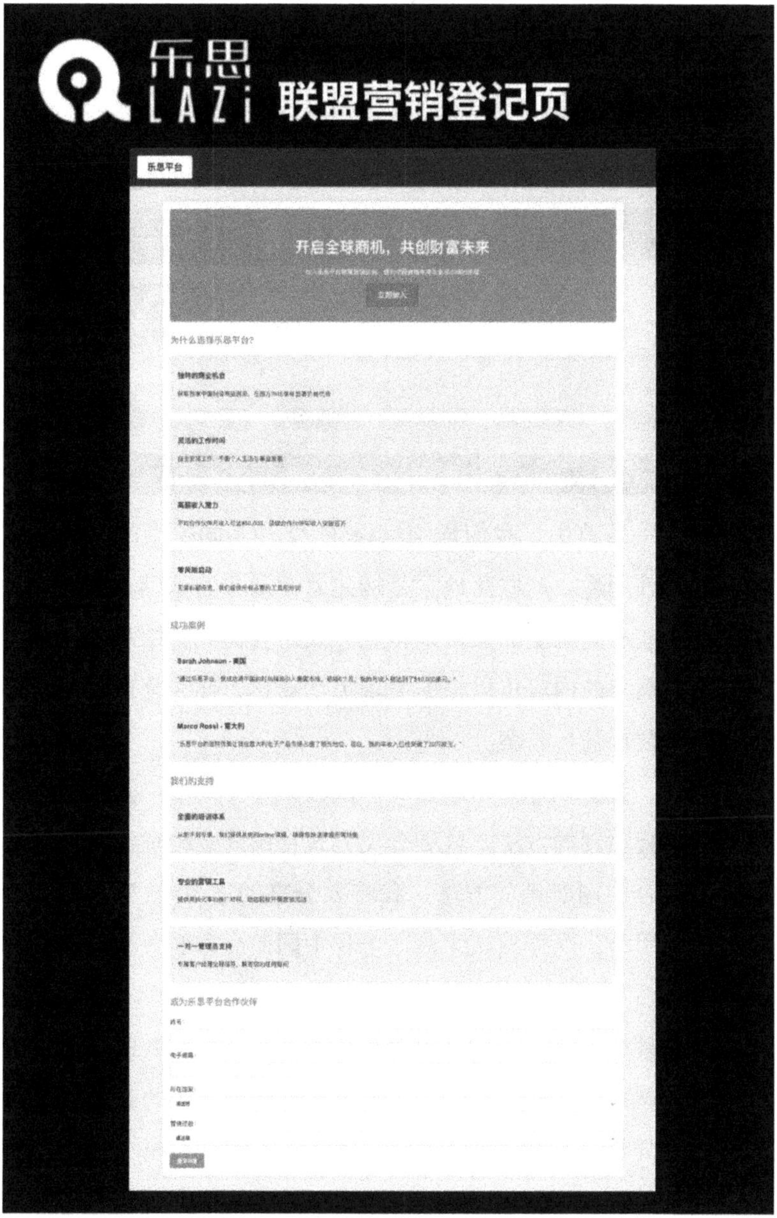
乐思
LAZi 联盟营销登记页
乐思平台
开启全球商机，共创财富未来
为什么选择乐思平台?
成功案例
Sarah Johnson - 美国
Marco Rossi - 意大利
我们的支持
成为乐思平台合作伙伴

5.3 营销漏斗全阶段解密：
六个从流量获取到高价单线上成交的完整旅程

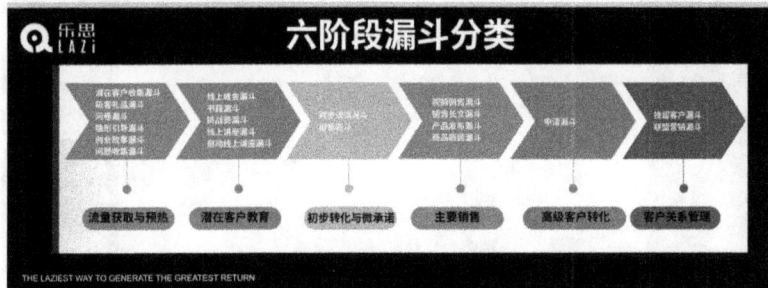

在上一章节中，我们详细探讨了 22 种不同类型的落地页构建方法及其用途。这些落地页是构建营销漏斗的基础。漏斗实际上是将这些不同类型的页面以特定方式组合而成的结果。值得注意的是，漏斗的内容可以根据需求灵活变化，你完全可以创造属于自己的独特漏斗方案。

今天，我要向你介绍的这个六阶段漏斗分类法，是我根据多年实践经验独创的方法。这种分类方式在国外营销理论中尚属首创，是配合中国营销的方法。我将要分享的这 20 款漏斗，不仅是我最常用的，也是我认为最适合将中国商品和服务推向海外市场的最佳漏斗组合。

虽然理论上漏斗的种类可以成千上万，但根据我的经验，只要你能够熟练运用这 20 款核心漏斗，就足以让你的业务在海外市场大放异彩。更令人振奋的是，这 20 个漏斗的模板都可以在乐思系统 www.lazifunnel.com 中找到。你只需在后台一键建立，就可以立即拥有并运用这些强大的工具。

让我再次强调一下我们的成功案例：在新冠期间，当传统的外部销售渠道被切断时，我转向了这套营销漏斗策略。仅仅使用单一漏斗，在一年的时间里，我创造了超过三千万人民币的营收。我的公司在短短三年间，总共创建了超过600个营销漏斗，其中40多个用于销售自己的产品，总营收突破一千万美金。我们为客户创建的漏斗平均帮助他们实现了300%的在线营收增长。这些成就最终得到了国际认可，我们公司有幸代表香港参加美国的实体漏斗峰会，并荣获国际大奖。

现在，让我们了解这个独创的六阶段漏斗分类法：

1. 流量获取与预热阶段（针对冷流量）

2. 潜在客户教育阶段（针对温流量）

3. 初步转化与微承诺阶段

4. 主要销售阶段（针对热流量）

5. 高级客户转化阶段

6. 客户关系管理阶段

每个阶段都包含了精心设计的漏斗类型，从潜在客户收集到联盟营销，覆盖了整个客户旅程。这个全面的漏斗体系不仅展示了营销的复杂性，也揭示了其中的艺术和科学。每个阶段都经过精心设计，以最大化客户参与度和转化率。

你准备好了吗？我们现在就可以深入讲解了！在接下来的章节中，我将详细解析每个漏斗的运作原理，分享如何根据不同产品和目标受众选择最合适的漏斗类型，以及如何优化每个漏斗以获得最佳效果。这些做法和秘密，将在接下来的内容中一一揭晓，帮助你也能在数字营销的世界中取得卓越成就，尤其是在将中国产品和服务推向国际市场方面。

5.3.1 漏斗种类一：流量获取与预热阶段

流量获取与预热阶段是营销漏斗中至关重要的起点，专门针对冷流量设计。在这个阶段，我们面对的是对我们的品牌或产品完全陌生的受众。这些潜在客户可能通过各种不同的渠道首次接触到我们。

可能是他们在浏览 Facebook 或 Instagram 时看到了我们精心设计的广告；也可能是我们的 Google 广告吸引了他们的目光。更常见的情况是，他们在 Google 搜索引擎中输入与自己痛点相关的关键词，而我们的内容恰好提供了解决方案。有时，他们可能是通过朋友分享的社交媒体帖子，或是在浏览相关论坛时看到了我们的回答而找到我们。

无论通过何种方式，我们的核心目标始终是在这短暂的初次接触中抓住他们的注意力，并开始建立初步的联系。这需要我们提供即时的价值，无论是通过有趣的内容、实用的工具，还是解决问题的洞见。

我们的策略注重低门槛、高吸引力的互动方式。我们可能会提供免费但高价值的内容，设计有趣的互动问卷，或者讲述引人入胜的品牌故事。目的是让这些陌生的访客愿意留下他们的联系方式，或者进一步了解我们的产品和服务。

成功的流量获取与预热不仅仅是收集联系信息，更是开始建立信任和兴趣的过程。我们希望在这个阶段结束时，潜在客户不仅知道我们的存在，还对我们产生了积极的初步印象，为后续的深入交流和可能的转化奠定基础。

　　这个阶段需要灵活多变的策略，因为不同的目标受众和不同的接触点可能需要不同的吸引方式。因此，我们会准备多种类型的漏斗，以适应不同的场景和需求，确保我们能够最大限度地吸引和留住这些宝贵的潜在客户，无论他们是如何发现我们的。

1. 潜在客户收集漏斗

　　潜在客户收集漏斗是数字营销中一个强大而高效的工具，它的核心在于通过提供有价值的免费内容来换取潜在客户的联系信息，尤其是电子邮件地址。这个漏斗的典型流程包括价值交换页、感谢页，再引流名单至自动电邮跟进系统，以及其他阶段漏斗。

　　这种漏斗特别适合在几种情况下使用：当你想快速建立或扩大邮件列表时；在新产品或服务推出前收集潜在客户；为即将举行的活动或网络研讨会吸引参与者；或者当你有独特的洞见或解决方案可以分享时。使用潜在客户收集漏斗的主要原因在于它能够快速高效地增长你的潜在客户数据库，同时建立初步的信任关系，为未来的营销活动奠定基础。

　　它通常能带来较高的转化率，因为你提供了即时的价值；它易于跟踪和优化；一旦设置好，它可以 24/7 自动运行；而且它具有很好的可扩展性，能同时处理大量潜在客户。使用这种漏斗，你可以预期看到邮件列表的快速增长，品牌知名度的提升，网站流量的增加，以及为后续销售铺平道路。

实例一：会计税务服务行业

假设你经营一家为外国公司提供中国市场税务服务的公司。你可以创建一个"5天掌握中国商业税务要点"的电子指南。潜在客户提供公司邮箱即可获取。之后，通过邮件序列发送更多内容，如"中国增值税申报关键步骤"视频和"外商投资税务优惠政策"图解。逐步展示专业知识，建立信任关系。最后，邀请参加"外企在华税务规划"线上研讨会，自然引导他们考虑使用你的全面服务。

实例二：线上中医治疗行业

假设你运营一个面向海外人士的远程诊疗平台。提供"14天中医养生入门"PDF指南，访客提供邮箱即可下载。随后，通过邮件发送"中医体质辨识测试"、"艾灸保健法"视频教程等内容。展示专业知识的同时，穿插成功案例分享。最终，邀请免费在线咨询，让客户亲身体验远程中医诊疗的便利性。

2. 吸客礼品漏斗

吸客礼品漏斗是营销策略中一个强大而有效的工具，它的核心在于通过提供有价值的免费礼品来吸引潜在客户的注意力，并逐步建立信任关系。这个漏斗的典型流程包括吸客礼品页、感谢页，然后将潜在客户引导至自动电邮跟进系统，以及其他阶段漏斗。

这种漏斗特别适合在以下情况使用：当你想要在竞争激烈的市场中脱颖而出时；在推出新的专业服务前预热市场；为高端咨询服务吸引优质潜在客户；或者当你有独特的专业知识可以分享时。使用吸客礼品漏斗的主要原因在于它能够在不给潜在客户施加压力的情况下，展示公司的专业知识和价值，同时为未来的深入合作奠定基础。

它能够吸引更多的潜在客户进入销售漏斗；有助于建立公司的行业权威地位；可以自然筛选出真正有需求的客户；提高最终

的转化率；而且一旦设置好，它可以持续不断地吸引潜在客户。使用这种漏斗，你可以预期看到品牌认知度的提升，潜在客户质量的提高，客户信任度的增加，以及销售周期的缩短。

实例一：会计税务咨询行业

假设你经营一家为外企提供中国税务咨询的公司。你可以创建一份详细的"中国税务制度概览"电子书作为吸引礼品。潜在客户只需提供公司邮箱即可下载。随后，通过邮件序列推送更多内容，如"外商投资企业税收优惠政策解读""中国增值税申报实务指南"等。逐步展示专业知识，建立信任关系。最后，邀请参加"外企在华税务规划"网络研讨会，自然引导他们考虑使用你的全面咨询服务。

实例二：法律咨询服务行业

假设你运营一家专注于为外国企业提供中国商业法律支持的律师事务所。提供"外商投资中国法律风险防范指南"作为吸引礼品，访客提供邮箱即可获取。之后，通过定期发送法律资讯简报、典型案例分析等内容，展示事务所在处理复杂法律问题方面的专业能力。最终，邀请潜在客户参加"中国商业纠纷解决策略"在线讲座，进一步凸显事务所在诉讼支持方面的专长，引导他们考虑使用你的法律服务。

3. 问卷漏斗

问卷漏斗是一种强大的营销和客户洞察工具，其核心在于通过精心设计的调查问卷来收集潜在客户信息、了解客户需求并引导他们进入销售流程。这个漏斗的典型流程包括问卷页、感谢页，然后将收集到的信息导入自动电邮跟进系统，以及其他阶段漏斗。

问卷漏斗特别适合在以下情况使用：当你需要深入了解目标市场需求时；在推出新产品或服务前进行市场调研；为现有客户提供更好的服务体验；或者当你想通过互动方式吸引潜在客户时。使用问卷漏斗的主要原因在于它能够同时实现多个目标：收集有价值的市场信息、筛选合格的潜在客户、个性化后续营销活动，以及提高客户参与度。

它能够提供深入的客户洞察，帮助企业做出数据驱动的决策；通过互动式问卷增加客户参与感；可以根据问卷回答自动分类潜在客户，实现精准营销；同时还能展示公司对客户意见的重视，提升品牌形象。使用问卷漏斗，你可以预期看到更高质量的销售线索、更个性化的客户服务、更有针对性的产品开发，以及更高的客户满意度和忠诚度。

为了更好地运用问卷漏斗，需要注意以下几点：确保问卷简洁明了，不要过长；问题设计要有明确目的，避免无关问题；提供足够的激励来鼓励完成问卷；及时跟进和分析问卷结果；根据收集到的信息快速调整策略。

实例一：IT 外包服务行业

假设你经营一家为海外公司提供 IT 外包服务的公司。你可以设计一个"企业 IT 需求评估"问卷。问卷内容包括公司规模、当前 IT 基础设施、主要技术挑战、预算范围等。完成问卷后，根据回答自动生成一份个性化的"IT 优化建议报告"，并邀请参与者预约免费咨询。通过问卷，你不仅收集了潜在客户信息，还了解了他们的具体需求，为后续的个性化跟进奠定基础。

实例二：跨境电商咨询行业

假设你运营一家专门帮助外国品牌进入中国电商平台的咨询公司。设计一个"品牌中国市场准备度评估"问卷。问题涵盖品牌当前海外表现、目标客户群、本地化策略、物流准备等方面。根据答案，为参与者生成一份"中国电商市场进入策略初步分析"，并邀请他们参加"成功进驻中国电商平台"线上研讨会。这种方式不仅帮助你筛选出真正有意向的品牌，还能展示你的专业知识，为后续深度合作铺平道路。

4. 隐形引导漏斗

　　隐形引导漏斗是一种创新的营销策略，它通过前期提供大量免费价值来吸引和培养潜在客户，只在客户真正认可和喜欢所接受的内容后才收费。这种漏斗的典型流程包括价值交换页、下单页、活动页，然后将客户引导至自动电邮跟进系统和其他阶段漏斗。

　　这种漏斗特别适合在以下情况使用：当你有高质量的内容或服务需要展示时；在推出新的培训课程或咨询服务时；为高端服务建立信任和价值认知；或者当你希望降低客户的初始购买门槛时。使用隐形引导漏斗的主要原因在于它能够大幅降低潜在客户的心理抵触，同时让他们有充分的机会体验产品或服务的价值，从而提高最终的转化率。

　　它能够快速建立信任和信心；提供"试用"机会，降低客户风险感知；增加客户参与度和满意度；提高转化率和客户终身价值。使用隐形引导漏斗，你可以预期看到更高的客户获取率、更低的退款率、更好的口碑传播，以及更稳定的长期客户关系。

为了更好地运用隐形引导漏斗，需要注意以下几点：确保提供的免费内容具有真正的高价值；清晰透明地沟通收费条件和时间；提供卓越的客户支持，特别是在免费体验期间；设计合理的退出机制，尊重客户选择；持续优化内容和服务质量，以提高留存率。

实例一：中文翻译和本地化服务

假设你经营一家为企业提供中文翻译和本地化服务的公司。你可以设计一个"7天中国市场语言文化适应速成"在线课程。潜在客户只需提供信用卡信息（不立即收费）即可参加。课程内容包括每日视频讲解、实践作业和互动讨论。在第7天结束时，如果客户对课程满意，将自动收取费用；否则，他们可以轻松退出而不产生任何费用。这种方式不仅展示了你的专业知识，还让客户亲身体验到本地化的重要性，为后续更深入的合作铺平道路。

实例二：知识产权保护服务

假设你运营一家专门帮助外国公司在中国注册和保护知识产权的咨询公司。你可以提供一个"中国知识产权保护策略制定"在线工作坊。参与者需要提供信用卡信息来"预订座位"，但承诺在工作坊结束前不收费。工作坊包括实时线上讲座、案例分析和个性化咨询环节。如果客户在工作坊结束时觉得获得了价值，费用将自动收取；如果不满意，他们可以轻松退出而不产生任何费用。这种方式不仅降低了客户的初始顾虑，还让他们充分体验到专业知识产权保护服务的重要性和价值。

5. 创业故事漏斗

创业故事漏斗是一种强有力的营销策略，它通过讲述企业家的个人经历和创业历程来吸引潜在客户，建立信任关系，并逐步引导他们成为忠实的追随者。这个漏斗的典型流程包括创业故事页、感谢页，然后将潜在客户引导至自动电邮跟进系统和其他阶段漏斗。

这种漏斗特别适合在以下情况使用：当你想要建立个人品牌时；在推出新的创业项目或服务时；为咨询或培训业务吸引客户；或者当你希望在竞争激烈的市场中脱颖而出时。使用创业故事漏斗的主要原因在于它能够通过个人化的方式与潜在客户建立情感连接，展示你的专业知识和经验，同时自然地引导他们进入你的营销漏斗。

它能够快速建立信任度；增加品牌的人性化元素；提高客户的参与度和忠诚度；为后续的营销活动奠定基础。使用创业故事漏斗，你可以预期看到更高的邮件列表订阅率、社交媒体关注者的增加、品牌知名度的提升，以及潜在客户对你的产品或服务的兴趣增加。

为了更好地运用创业故事漏斗，需要注意以下几点：确保你的故事真实、引人入胜，并与目标受众相关；在分享个人经历的同时，突出你能为客户带来的价值；定期更新和优化你的故事内容；在不同平台上保持一致的个人品牌形象；提供高质量的后续内容来保持订阅者的兴趣。

实例一：市场调研服务行业

假设你经营一家为外国公司提供中国市场洞察和消费者行为分析的市场调研公司。你可以创建一个"我的中国市场探索之旅"的视频系列，讲述你如何从一个外国留学生成长为中国市场专家的故事。分享你在理解中国消费者行为方面遇到的挑战和突破，以及你如何利用这些洞察帮助客户取得成功。通过这个故事，你不仅展示了你的专业知识，还凸显了你对中国市场的深刻理解。邀请观众订阅你的"中国市场洞察周报"，并在社交媒体上关注你的日常市场观察。

实例二：中国文化培训行业

假设你运营一家为外籍员工提供中国文化培训的公司。你可以创建一个"从文化冲击到文化融合"的博客系列，讲述你作为一个外国人初来中国时的困惑和适应过程，以及你如何逐步理解并爱上中国文化的故事。分享你在跨文化交流中的趣事和领悟，以及你如何将这些经验转化为帮助其他外籍人士的实用方法。通过这个故事，你不仅展示了你对中国文化的深入理解，还突出了你的教学方法的独特性。邀请读者订阅你的"每周中国文化小贴士"电子邮件，并在社交媒体上关注你的日常文化观察和互动。

6. 问题收集漏斗

问题收集漏斗是一种创新的营销策略，旨在通过收集和回答目标受众的问题来建立信任、提供价值，并最终将潜在客户转化为实际客户。这个漏斗的典型流程包括问题收集页、感谢页，然后将收集到的信息导入自动电邮跟进系统，以及其他阶段漏斗。

这种漏斗特别适合在以下情况使用：当你想深入了解客户需求和痛点时；在推出新产品或服务前进行市场调研；为复杂或专业的服务提供个性化解决方案；或者当你希望建立自己作为行业专家的地位时。使用问题收集漏斗的主要原因在于它能够直接从源头——你的潜在客户那里获取最真实、最迫切的需求信息，同时展示你的专业知识和解决问题的能力。

它能够快速建立与潜在客户的联系；提供高度相关和个性化的内容；增加客户参与度和互动；为后续的营销和产品开发提供宝贵的洞察。使用问题收集漏斗，你可以预期看到更高的转化率、更低的客户获取成本、更好的客户满意度,以及更强的品牌权威性。

为了更好地运用问题收集漏斗,需要注意以下几点:确保问题收集页面简洁明了,易于使用;及时、专业地回答收集到的问题;将常见问题整理成有价值的内容资源;利用收集到的问题来改进产品或服务;保护用户隐私,不滥用收集到的信息。

实例一:签证和工作许可咨询服务

假设你经营一家为外国人提供中国签证和工作许可咨询的公司。你可以创建一个"中国签证疑难问题解答"页面,邀请潜在客户提交他们在申请中国签证和工作许可过程中遇到的具体问题。通过这种方式,你不仅能收集到最新、最真实的签证政策困惑,还能展示你的专业知识。对于每个提交问题的人,你可以提供一份简短的初步解答,同时邀请他们订阅你的"中国签证政策更新周报",以获取更多详细信息和最新政策解读。这不仅帮助你建立邮件列表,还能持续提供价值,建立长期客户关系。

实例二:中国投资顾问服务

假设你运营一家为外国投资者提供中国市场投资建议的咨询公司。你可以设立一个"中国投资热点问答"平台,鼓励潜在投资者提出他们对中国市场的具体疑问或担忧。这些问题可能涉及法律法规、市场趋势、行业分析等多个方面。通过回答这些问题,你不仅能展示你对中国投资环境的深入了解,还能洞察投资者的主要关注点和决策因素。对于每个提问者,你可以提供一份简要的市场分析报告,并邀请他们参加你的"中国投资机遇月度在线研讨会",深入探讨投资策略。这种方式不仅帮助你积累潜在客户,还能通过持续的互动建立信任,增加转化机会。

5.3.2 漏斗种类二：潜在客户教育阶段

1. 线上峰会漏斗

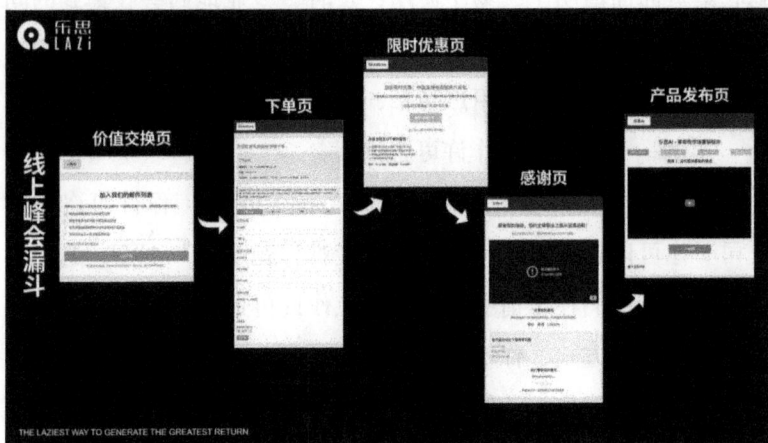

线上峰会漏斗是一种强大的数字营销策略，旨在通过组织和举办高质量的在线活动来吸引、培养和转化潜在客户。这个漏斗的典型流程包括价值交换页、下单页、套餐页、限时优惠页、感谢页和产品发布页，最终将参与者引导至自动电邮跟进系统和其他阶段漏斗。

这种漏斗特别适合在以下情况使用：当你想快速建立行业权威性时；在推出新产品或服务前创造流量；为复杂或高价值的解决方案教育市场；或者当你希望在短时间内接触大量潜在客户时。使用线上峰会漏斗的主要原因在于它能够创造一个集中的、高能量的学习和交流环境，同时为你的品牌和产品提供一个理想的展示平台。

线上峰会漏斗能够快速建立品牌知名度和信任度；聚集大量

高质量的潜在客户；提供深入的内容和价值，加速销售周期；创造额外的收入流（如峰会门票、赞助等）；为后续的营销活动积累丰富的内容资源。使用线上峰会漏斗，你可以预期看到参与者对你的品牌认知度显著提升、潜在客户数量急剧增加、转化率提高，以及建立起一个活跃的社区。

为了更好地运用线上峰会漏斗，需要注意以下几点：精心策划峰会主题和内容，确保与目标受众高度相关；邀请有影响力的演讲嘉宾，增加峰会的吸引力；提供高质量的技术支持，确保流畅的在线体验；设计有效的跟进策略，将峰会的热度转化为实际的业务机会；注意平衡免费内容和付费升级选项，以最大化参与度和收益。

实例一：远程汉语教学

假设你经营一家为外国学生和商务人士提供在线中文课程的教育公司。你可以组织一个名为"中文学习突破峰会"的线上活动。这个为期三天的虚拟峰会可以包括多个主题演讲，如"商务中文快速掌握技巧""中国文化在语言学习中的重要性"等。邀请知名的语言学习专家、成功的外籍中文使用者作为演讲嘉宾。通过价值交换页，你可以提供一份"中文学习效率提升指南"来吸引注册。在峰会期间，你可以推出限时优惠的课程套餐，如"商务中文速成班"或"中国文化浸润课程"。峰会结束后，通过产品发布页推出你的旗舰课程"全方位中文学习体系"，并利用自动电邮系统持续跟进，提供个性化的学习建议和课程推荐。

实例二：品牌本地化策略咨询

假设你运营一家专门帮助外国品牌适应中国市场的咨询公

司。你可以组织一个"中国品牌本地化成功峰会"。这个线上峰会可以涵盖多个关键主题，如"解读中国消费者心理""社交媒体营销在中国的独特之处""本地化品牌案例分析"等。邀请成功在中国打开市场的外国品牌负责人、中国消费者行为专家作为演讲嘉宾。通过价值交换页，提供一份"中国市场进入策略白皮书"来吸引注册。在峰会期间，推出限时优惠的咨询套餐，如"品牌本地化快速诊断"或"中国社交媒体营销入门包"。峰会结束后，通过产品发布页推出你的高端服务"全方位品牌本地化转型计划"，并利用自动电邮系统针对不同行业的客户提供个性化的市场洞察和策略建议。

2. 书籍漏斗

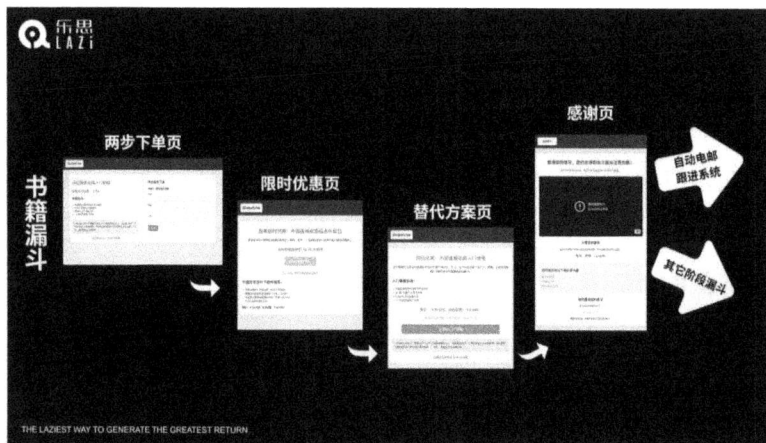

书籍漏斗是一种独特而有效的营销策略，旨在通过提供高价值的书籍来吸引潜在客户，并以低价或仅收取运费的方式销售，从而建立长期的客户关系。这个漏斗的典型流程包括两步下单页、限时优惠页、替代方案页和感谢页，最终将客户引导至自动电邮跟进系统和其他阶段漏斗。

这种漏斗特别适合在以下情况使用：当你想要建立品牌权威性时；在进入新市场或推广新服务时；为复杂或高价值的产品或服务教育潜在客户；或者当你希望快速积累高质量的潜在客户名单时。使用书籍漏斗的主要原因在于它能够通过提供实质性的价值来降低客户的初始投资风险，同时为后续的深度高额销售铺平道路。

书籍漏斗显而易见：它能够快速建立品牌信任和专业形象；大幅提高潜在客户的转化率；为后续的高价值产品或服务销售奠

定基础；创造额外的被动收入流；提供宝贵的客户洞察和反馈。使用书籍漏斗，你可以预期看到更高的客户参与度、更长的客户生命周期价值，以及更强的品牌忠诚度。

为了更好地运用书籍漏斗，需要注意以下几点：确保书籍内容高质量且与目标受众高度相关；设计吸引人的封面和标题；优化两步下单流程，使之简单易用；提供真正有价值的限时优惠；设计有效的邮件跟进序列，持续提供价值；考虑提供电子书版本以降低物流成本。

实例一：中国供应商对接服务

假设你经营一家帮助外国企业寻找和验证可靠中国供应商的服务公司。你可以创作一本名为《中国供应链解密：如何找到并管理可靠的中国供应商》的书籍。这本书可以涵盖选择供应商的关键标准、尽职调查的步骤、常见陷阱及如何避免、合同谈判技巧等内容。通过两步下单页，你可以以仅收取运费的方式提供实体书，或免费提供电子书版本。在限时优惠页，你可以提供额外的资源，如"中国供应商评估清单"或"10大可靠供应商推荐"。在替代方案页，你可以推荐你的高级服务，如"定制化供应商匹配"或"全程供应链管理"。通过这本书，你不仅展示了你的专业知识，还为潜在客户提供了实际可行的建议，建立信任的同时也引导他们认识到专业服务的价值。

实例二：跨境支付解决方案

假设你运营一家为在华外国企业提供跨境支付解决方案的金融科技公司。你可以编写一本《中国跨境支付指南：简化您的在华业务支付流程》的书籍。这本书可以详细介绍中国支付市场的特点、主要支付方式的比较、跨境支付的法律法规、如何优化支付流程以降低成本等内容。你可以通过两步下单页以低价提供这本书的实体版，或免费提供电子书版本。在限时优惠页，你可以提供额外的工具，如"跨境支付成本计算器"或"支付方案对比工具"。在替代方案页，你可以推荐你的定制化支付解决方案服务或提供免费咨询。这本书不仅能帮助潜在客户理解跨境支付的复杂性，还能展示你的解决方案如何能够简化他们的支付流程，从而增加他们选择你的服务的可能性。

3. 挑战赛漏斗

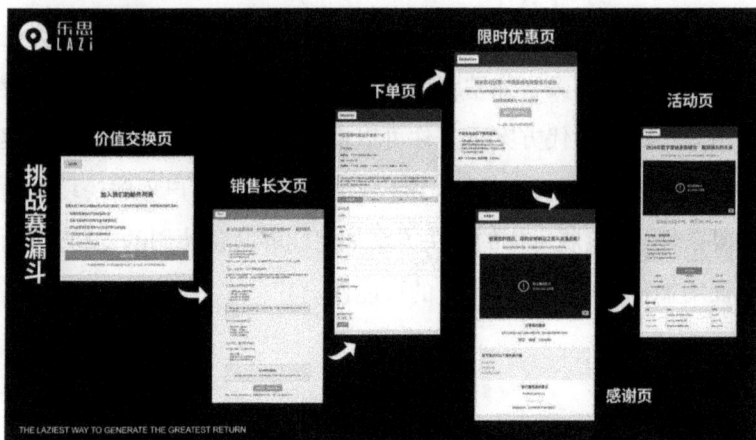

挑战赛漏斗是一种创新且极具吸引力的营销策略，旨在通过设置明确、有时限的目标来吸引和留住潜在客户。这个漏斗的典型流程包括价值交换页、销售长文页、下单页、限时优惠页、感谢页、替代方案页和活动页，最终将参与者引导至自动电邮跟进系统和其他阶段漏斗。

挑战赛漏斗特别适合在以下情况使用：当你想要快速建立品牌认知度和参与度时；在推广需要持续使用或实践的产品或服务时；希望展示产品或服务的实际效果和价值时；或者当你想要在短时间内创造高度参与的用户社区时。使用挑战赛漏斗的主要原因在于它能够通过创造一个结构化、有趣且富有成就感的体验来深度吸引潜在客户。

挑战赛漏斗能够显著提高用户参与度和留存率；快速建立品牌信任和忠诚度；通过社交分享扩大品牌影响力；为产品或服务

创造实际使用场景和证明；培养用户使用习惯；为后续的产品销售奠定坚实基础。使用挑战赛漏斗，你可以预期看到更高的转化率、更长的客户生命周期价值，以及更强的品牌社区凝聚力。

为了更好地运用挑战赛漏斗，需要注意以下几点：设计吸引人且切实可行的挑战目标；提供清晰、易于执行的每日任务或内容；创建支持性的社区环境，鼓励参与者互动和分享；设计有效的奖励机制，激励参与者完成挑战；利用数据分析优化挑战流程和内容；确保挑战结束后有明确的后续行动计划。

实例一：中国社交媒体营销服务

假设你运营一家为外国品牌提供中国社交媒体营销服务的公司。你可以设计一个"14 天中国社交媒体突破挑战"。这个挑战的目标是帮助外国品牌在 14 天内在中国主流社交平台（如微博、微信、抖音）上建立初步的品牌存在。通过价值交换页，你可以提供一份"中国社交媒体平台对比指南"来吸引注册。每天的任务可能包括设置账号、优化简介、创建本地化内容、使用热门话题等。在挑战期间，你可以通过限时优惠页提供特别的服务包，如"中国 KOL 合作入门包"。替代方案页可以推荐你的全方位社交媒体管理服务。通过这个挑战，参与者不仅能快速了解中国社交媒体的运作，还能亲身体验专业服务的价值，从而更有可能选择你的全面服务。

实例二：商务礼仪培训

假设你提供针对外国商务人士的中国商务礼仪培训服务。你可以组织一个"21 天中国商务礼仪精通挑战"。这个挑战旨在帮助参与者掌握在中国商务场合的关键行为规范。通过价值交换页，你可以提供一份"中国商务礼仪快速指南"来吸引注册。每日任务可能包括学习正确的问候方式、名片交换礼仪、餐桌礼仪、礼物赠送文化等。你可以通过销售长文页详细说明掌握正确礼仪对商务成功的重要性。在挑战期间，通过限时优惠页提供特别的在线课程包，如"中国商务谈判技巧强化班"。活动页可以用来组织线上角色扮演练习，让参与者实践所学。通过这个挑战，参与者不仅能学到实用的商务礼仪，还能体验到你的培训方法的效果，增加他们报名参加更深入课程的可能性。

4. 线上讲座漏斗

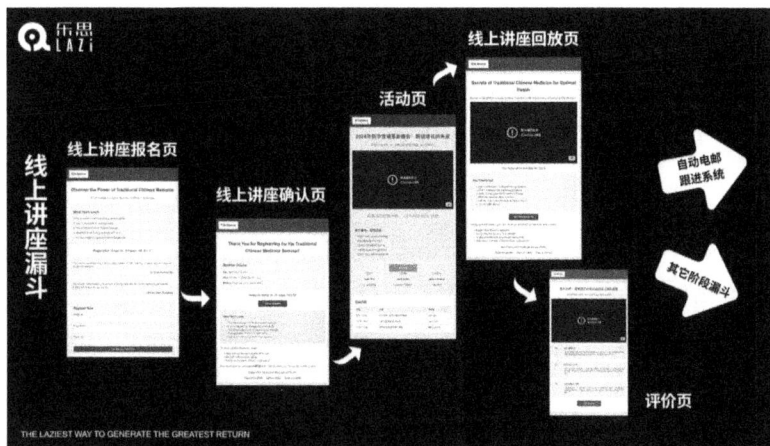

线上讲座漏斗是一种强大而灵活的营销策略，旨在通过提供高价值的在线教育内容来吸引、教育和转化潜在客户。这个漏斗的典型流程包括线上讲座报名页、线上讲座确认页、活动页、线上讲座回放页、评价页面，最终将参与者引导至自动电邮跟进系统和其他阶段漏斗或下单页。

线上讲座漏斗特别适合在以下情况使用：当你需要深入解释复杂的产品或服务时；在推广高价值、需要详细说明的解决方案时；希望建立品牌权威性和信任度时；或者当你想要与潜在客户建立更深层次的联系时。使用线上讲座漏斗的主要原因在于它能够提供一个互动性强、信息丰富的平台，让你有充足的时间来展示你的专业知识，解答疑问，并有效地引导潜在客户做出购买决定。

线上讲座漏斗能够显著提高客户教育水平和参与度；快速建

立品牌权威性和信任度；提供一个平台来详细展示产品或服务的价值；通过实时互动解决客户疑虑；创造真实的稀缺性和紧迫感；为高价值产品或服务的销售奠定基础。使用线上讲座漏斗，你可以预期看到更高的转化率、更高的客单价，以及更强的客户黏性。

为了更好地运用线上讲座漏斗，需要注意以下几点：精心设计引人入胜的讲座内容；选择适合目标受众的时间段；提供高质量的技术体验；在讲座中平衡教育内容和销售信息；设计有效的跟进策略，包括自动化邮件序列和个性化跟进；利用社交证明和成功案例增强可信度；为无法实时参加的人提供高质量的回放。

实例一：中国商业谈判技巧指导

假设你是一位专门指导外国企业如何与中国伙伴进行商业谈判的专家。你可以组织一场题为"掌握中国商业谈判的艺术：3个关键策略提升成功率"的线上讲座。在报名页面，你可以强调参与者将学到的具体技巧，如理解中国谈判文化的微妙之处、建立关系的重要性以及如何正确解读非语言线索。在讲座确认页，你可以提供一份"中国商业谈判术语表"作为额外价值。讲座内容可以包括真实案例分析、常见错误和解决方案，以及实时问答环节。在讲座结束时，你可以推出一个限时优惠的"中国商业谈判高级培训课程"。通过这个线上讲座漏斗，你不仅展示了你的专业知识，还为潜在客户提供了立即可用的价值，同时为更高级的服务铺平了道路。

实例二：跨文化团队管理咨询

假设你提供跨文化团队管理咨询服务，专注于优化中外混合团队的协作效率。你可以举办一场"解锁中西合璧的团队潜力：

5 大跨文化管理秘诀"的线上讲座。在报名页面，你可以突出讲座将如何帮助管理者提高团队沟通效率、减少文化冲突、增强团队凝聚力。确认页可以提供一份"跨文化沟通快速指南"作为预热材料。讲座内容可以包括文化差异分析、成功的跨文化团队案例研究、常见挑战的应对策略等。你可以在讲座中进行实时调查，了解参与者面临的具体问题，并提供针对性建议。讲座结束后，你可以提供一个"跨文化团队诊断评估"服务的特别优惠，作为进一步合作的切入点。这种方式不仅展示了你的专业洞见，还为潜在客户提供了实际可行的解决方案，增加了他们选择你的全面咨询服务的可能性。

5. 自动线上讲座漏斗

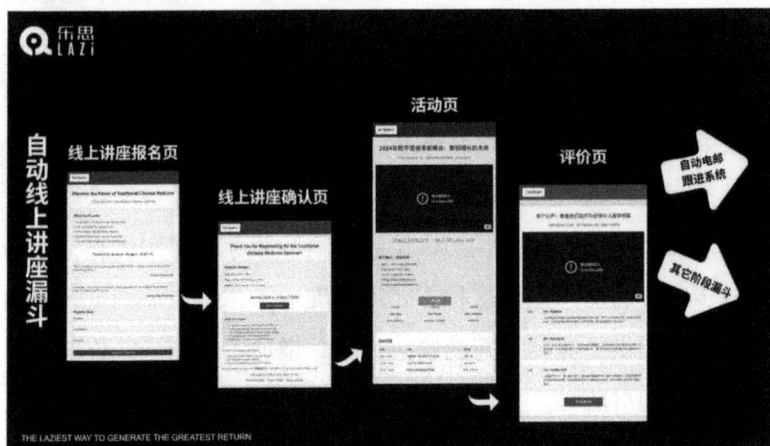

自动线上讲座漏斗是一种创新且高效的营销策略，旨在通过预录制的高质量线上讲座内容来持续吸引、教育和转化潜在客户。这个漏斗的典型流程包括线上讲座报名页、线上讲座确认页、活动页、评价页面，最终将参与者引导至自动电邮跟进系统和其他阶段漏斗或下单页。

自动线上讲座漏斗特别适合在以下情况使用：当你希望扩大受众规模而不受时间和地理限制时；在需要频繁重复相同内容的情况下；希望最大化高转化率内容的影响力时；或者当你想要建立一个可扩展的、24/7 运作的营销系统时。使用自动线上讲座漏斗的主要原因在于它能够提供一个高度可控、可重复且高效的方式来传递你的核心信息和价值主张，同时大幅减少实时讲座所需的人力和时间投入。

自动线上讲座漏斗能够显著提高潜在客户的接触面和转化

机会；确保每位参与者都能体验到最优质的讲座内容；通过自动化流程节省大量时间和资源；提供灵活的观看时间，适应不同时区和个人日程；允许持续优化和测试以提高转化率；为销售团队提供预热好的潜在客户。使用自动线上讲座漏斗，你可以预期看到更高的参与度、更一致的信息传递、更高的转化率，以及更高效的资源利用。

为了更好地运用自动线上讲座漏斗，需要注意以下几点：精心制作高质量、引人入胜的讲座内容；设计有效的注册页面和确认流程；创建吸引人的电子邮件序列以保持参与者的兴趣；提供清晰的技术指导以确保顺畅的观看体验；在讲座中嵌入互动元素，如调查或问答环节，以增加参与感；设置有效的跟进机制，包括自动化邮件和个性化销售跟进；定期分析数据并优化漏斗各环节的表现。

实例一：中国人力资源外包服务

假设你提供专门针对外国企业在华运营的人力资源外包服务。你可以创建一个题为"在中国成功招聘和管理员工的 5 大秘诀"的自动线上讲座。在注册页面，你可以强调参与者将学到如何避免常见的法律陷阱、如何设计有吸引力的薪酬方案以及如何有效管理跨文化团队。讲座内容可以包括真实案例分析、最新的劳动法规解读以及具体的招聘策略。在讲座结束时，你可以推出一个"中国人力资源合规性检查"服务的特别优惠。通过这个自动线上讲座漏斗，你不仅可以 24/7 地吸引潜在客户，还能持续展示你的专业知识，同时为更全面的人力资源外包服务铺平道路。

实例二：中国商标注册代理

假设你提供针对外国企业的中国商标注册代理服务。你可以设置一个"在中国快速、安全地注册商标的 7 个关键步骤"的自动线上讲座。注册页面可以强调参与者将了解到中国商标法的最新变化、如何避免常见的申请错误以及如何保护品牌免受侵权。讲座内容可以包括商标注册流程的详细说明、常见问题解答以及成功案例分析。你可以在讲座中嵌入一个简单的"商标可注册性初步评估"工具，增加互动性。讲座结束时，可以提供一个"优先商标注册包"的限时优惠。这种自动化的方式不仅能持续教育潜在客户，还能有效筛选出真正需要你服务的高质量线索。

实施自动线上讲座漏斗策略时，关键在于保持内容的相关性和时效性。定期更新讲座内容以反映最新的行业趋势和法规变化是至关重要的。同时，尽管是自动化的过程，也要注意保持个性化和人性化的触感，例如通过个性化的邮件跟进或提供实时客服支持。

5.3.3 漏斗种类三：初步转化与微承诺阶段

1. 两步诱饵漏斗

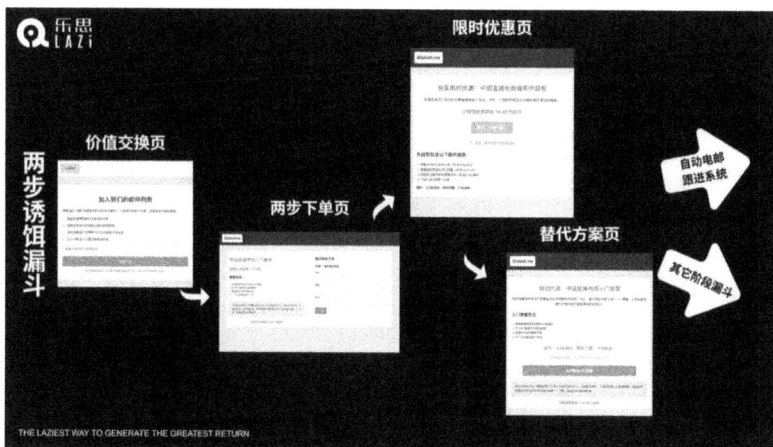

两步诱饵漏斗是一种精巧而高效的营销策略，旨在通过低门槛的入口产品吸引潜在客户，并在后续步骤中引导他们购买更高价值的产品或服务。这个漏斗的典型流程包括价值交换页、两步下单页、限时优惠页、替代方案页，最终将客户引导至自动电邮跟进系统和其他阶段漏斗或感谢页。

这种漏斗策略特别适合在以下情况使用：当你有一个低价但高价值的前端产品时；希望快速建立客户群并获取客户联系信息时；想要测试市场对新产品的反应时；或者当你希望降低客户获取成本，同时为后续高价值产品销售铺路时。使用两步诱饵漏斗的主要原因在于它能够有效地降低潜在客户的初始购买门槛，同时为后续的销售和营销活动创造机会。

两步诱饵漏斗能够快速积累潜在客户数据库；提高整体转化率；为后续的高价值产品销售奠定基础；允许对未完成购买的客

户进行精准跟进；提供了测试和优化营销信息的机会。使用这种漏斗策略，你可以预期看到更高的客户获取率、更低的获客成本以及更高的长期客户价值。

为了更好地运用两步诱饵漏斗，需要注意以下几点：精心设计前端产品，确保其真正具有吸引力和价值；优化第一步和第二步之间的转化流程；创建有效的跟进策略，特别是针对那些只完成第一步的潜在客户；设计富有吸引力的限时优惠，以增加紧迫感；提供清晰的价值主张，突出产品或服务的独特优势；持续测试和优化漏斗中的每个元素，包括页面设计、文案和产品组合。

实例一：中国数字营销策略咨询

假设你提供针对西方企业的中国数字营销策略咨询服务。你可以设计一个两步诱饵漏斗，其前端产品是一份"中国社交媒体平台比较指南"。在第一步中，潜在客户只需提供邮箱就可以获取这份指南。第二步则引导他们购买一个更深入的"中国数字营销入门套餐"，包括一次30分钟的一对一咨询。这个漏斗不仅能帮助你快速积累对中国市场感兴趣的潜在客户数据，还能通过低价入门产品展示你的专业知识，为后续更高价值的咨询服务铺路。对于只完成第一步的客户，你可以设置一系列自动化邮件，持续提供有价值的"中国数字营销小贴士"，同时软性推广你的咨询服务。

实例二：线上中医诊疗

对于提供线上中医诊疗服务的平台，两步诱饵漏斗可以这样设计：前端产品可以是一份"常见亚健康症状中医自我诊断指南"。在第一步中，用户只需提供基本信息和主要健康困扰就可以获取这份个性化指南。第二步则引导他们预约一次低价的在线初步诊断服务。这种方法不仅能吸引大量关注健康的潜在客户，还能通过初步诊断建立信任，为后续更全面的远程诊疗服务奠定基础。对于未完成第二步预约的用户，可以通过定期发送健康贴士和案例分享来保持联系，逐步建立他们对中医远程诊疗的信心。

2. 促销漏斗

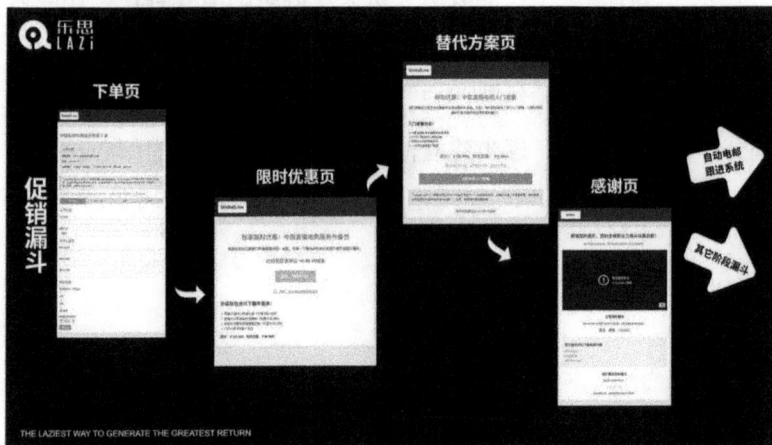

促销漏斗是一种专门设计用于刺激销售和快速转化的营销策略。这种漏斗的典型流程包括下单页、限时优惠页、替代方案页和感谢页，最终将客户引导至自动电邮跟进系统和其他阶段漏斗。

这种漏斗策略特别适合在以下情况使用：当你有特定产品或服务需要快速推广时；在节假日或特殊营销活动期间；当你想要清理库存或推出新产品时；或者当你需要在短时间内提高销售业绩时。使用促销漏斗的主要原因在于它能够创造紧迫感和稀缺性，促使潜在客户迅速做出购买决定。

促销漏斗能够迅速提高转化率；创造短期销售高峰；有效测试不同的价格点和促销策略；增加客户平均订单价值；为未来的营销活动积累有价值的数据。使用这种漏斗策略，你可以预期看到更高的销售量、更快的库存周转以及更强的品牌认知度。

为了更好地运用促销漏斗，需要注意以下几点：精心设计有吸引力的促销优惠；创建引人注目的限时优惠页面，突出时间限制和稀缺性；提供清晰的价值主张，强调促销产品或服务的独特优势；优化整个购买流程，确保流畅；设计有效的跟进策略，尤其是针对那些浏览但未购买的客户；持续测试和优化漏斗中的每个元素，包括页面设计、文案和产品组合。

实例一：中国市场进入策略咨询

假设你提供针对外国企业的中国市场进入策略咨询服务。你可以设计一个促销漏斗，主推一个"中国市场快速进入套餐"。在下单页面，突出展示这个套餐如何能帮助企业在短时间内制定出可行的中国市场开拓计划。限时优惠页可以提供诸如"48 小时内下单享受 20% 折扣"的促销，创造紧迫感。替代方案页可以展示其他定制化的咨询服务选项，以满足不同预算和需求的客户。通过这个漏斗，你不仅可以吸引那些急于进入中国市场的企业，还能通过限时优惠促使他们迅速做出决策。对于未完成购买的潜在客户，可以通过自动化邮件系统发送一系列关于中国市场机遇和挑战的洞察，保持他们的兴趣，并为将来的合作铺路。

实例二：跨境物流解决方案

对于提供中国与海外间货物运输服务的公司，促销漏斗可以这样设计：主推一个"跨境物流优化套餐"。下单页面可以详细介绍这个套餐如何能帮助企业节省运输成本、缩短运输时间。限时优惠页可以提供"首次使用享受运费 8 折"的促销，并设置 24 小时倒计时，增加决策紧迫性。替代方案页可以展示不同运输方式（如海运、空运、铁路运输）的比较，帮助客户找到最适合自己需求的选择。通过这个促销漏斗，你不仅可以吸引正在寻找物流解决方案的企业，还能通过限时优惠刺激他们快速尝试你的服务。对于浏览但未下单的客户，可以通过自动化邮件发送一些跨境物流最佳实践案例和行业趋势分析，保持他们对你服务的兴趣。

5.3.4 漏斗种类四：主要销售阶段

1. 视频销售漏斗

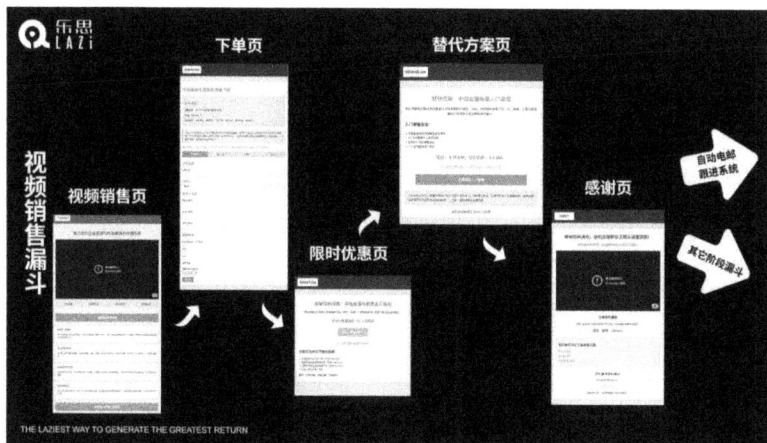

视频销售漏斗是一种结合视频内容和销售转化的创新营销策略。这种漏斗的典型流程包括视频销售页、限时优惠页、下单页和感谢页，最终将客户引导至自动电邮跟进系统和其他阶段漏斗。

这种漏斗策略特别适合在以下情况使用：当你有复杂的产品或服务需要详细解释时；当你想要建立与潜在客户的情感连接时；当你需要展示产品的实际使用效果或价值时；或者当你希望通过生动的视觉和听觉体验提高转化率时。使用视频销售漏斗的主要原因在于它能够提供更丰富、更具说服力的信息传递方式，同时保持用户的注意力和兴趣。

视频销售漏斗能够有效提高用户参与度和理解度；增强品牌形象和可信度；提供更生动、直观的产品演示；提高转化率和平均订单价值；降低客户疑虑和退货率。使用这种漏斗策略，你可以预期看到更高的销售转化率、更长的网站停留时间以及更强的品牌认知度和客户忠诚度。

实例一：在华公司注册服务

假设你提供外国公司在中国设立分支机构的注册服务。你可以设计一个视频销售漏斗，主视频内容详细解释在中国注册公司的流程、法律要求和潜在挑战。视频可以包括成功案例分享、专家访谈和步骤演示。在视频销售页，除了主视频外，还可以提供一系列短视频，分别针对不同类型的公司注册需求。限时优惠页可以提供"首次咨询免费"或"注册服务包8折"等促销。下单页应该简化并明确注册流程，突出你的服务优势。通过这个漏斗，你不仅可以向潜在客户展示你的专业知识和服务价值，还能通过视频建立信任感，降低客户对复杂流程的顾虑。对于观看视频但未立即购买的客户，可以通过自动化邮件系统发送一系列关于中国商业环境和公司注册最佳实践的短视频，保持他们的兴趣。

实例二：中国商业地产咨询

对于提供中国商业地产投资或租赁咨询的公司，视频销售漏斗可以这样设计：主视频内容可以是一个虚拟导览，展示几个热门商业区的地产项目，同时解析每个区域的投资潜力和风险。视频销售页可以包含多个分类视频，如"中国一线城市办公楼市场分析""零售地产投资策略"等。限时优惠页可以提供"7天内预约咨询享受投资分析报告5折"的促销。下单页应该提供清晰的咨询服务包选项，并突出你的团队专业背景。通过这个视频销售漏斗，你不仅可以直观地展示中国商业地产市场的机遇，还能通过专业分析视频建立权威性，吸引高质量的潜在客户。对于浏览但未下单的客户，可以通过邮件系统发送一系列中国不同城市的商业地产市场简报视频，保持他们对市场的关注度。

2. 销售长文漏斗

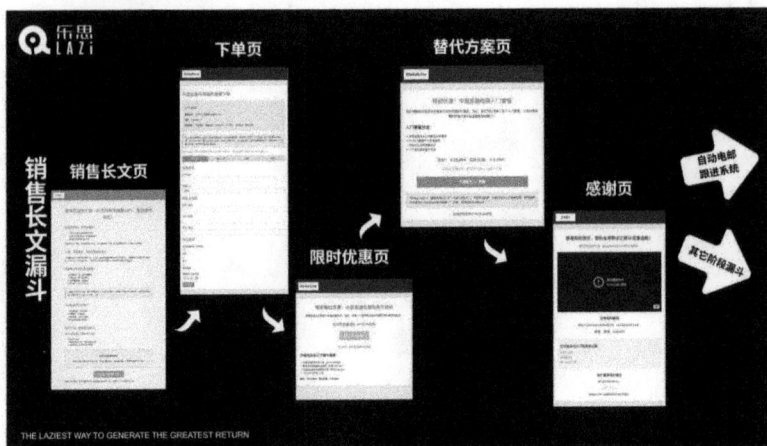

销售长文漏斗是一种专门设计用于深度教育和高价值转化的营销策略。这种漏斗的典型流程包括销售长文页、下单页、感谢页，以及可选的限时优惠页和替代方案页，最终将客户引导至自动电邮跟进系统和其他阶段漏斗。

这种漏斗策略特别适合在以下情况使用：当你提供复杂或高价值的产品／服务需要详细解释时；当目标客户需要大量信息才能做出购买决定时；当你需要建立深度信任和专业权威时；或者当你想要吸引和转化高质量的销售线索时。

它能够迅速提高复杂产品或服务的转化率；创造持久的客户关系和品牌忠诚度；有效传递深入的产品知识和价值主张；增加客户的平均订单价值；为未来的营销活动积累有价值的客户洞察数据。使用这种漏斗策略，你可以预期看到更高质量的销售线索、更高的客户终身价值以及更强的行业权威地位。

为了更好地运用销售长文漏斗，需要注意以下几点：创作高质量、引人入胜的内容，清晰阐述问题、解决方案和独特价值主张；确保整个漏斗的设计逻辑连贯，每一步都与上一步紧密相连；提供充分的证据，如案例研究、客户见证和数据支持，来增强说服力；优化每个页面的加载速度和用户体验；设计有效的跟进策略，特别是针对那些没有立即购买的潜在客户；持续测试和优化漏斗中的每个元素，包括内容、设计和转化点。

实例一：中国设计服务外包

假设你提供中国设计资源外包服务。你可以设计一个销售长文漏斗，主推"中国设计资源优化方案"。在销售长文页面，深入分析全球设计行业趋势、中国设计人才优势、成本效益分析等。下单页面可以提供免费的设计需求评估。限时优惠页可以提供"30天内签约享受首个项目设计费用折扣"的促销。替代方案页可以展示不同类型的设计服务包（如 UI/UX 设计、产品设计、平面设计等），满足不同需求的客户。通过这个漏斗，你不仅可以吸引那些寻求高质量、高性价比设计服务的企业，还能通过深度内容建立专业权威，促使他们选择你的服务。对于未完成购买的潜在客户，可以通过自动化邮件系统发送一系列中国设计行业洞察报告，持续提供价值并保持联系。

实例二：中国上市咨询服务

对于提供外国企业在中国资本市场上市咨询服务的公司，销售长文漏斗可以这样设计：主推"中国资本市场上市全程指导方案"。销售长文页面详细介绍中国资本市场的机遇与挑战、上市流程、法律法规要求等，并展示成功案例。下单页面可以提供免费的上市可行性评估。限时优惠页可以提供"首次咨询享受上市前期规划费用优惠"的促销。替代方案页可以展示不同阶段的上市咨询服务（如前期规划、尽职调查、招股书准备、路演辅导等），帮助客户根据自身需求选择合适的服务。通过这个销售长文漏斗，你不仅可以教育和说服外国企业领导者认识到在中国资本市场上市的优势，还能通过深入的内容和个性化的方案吸引他们选择你的服务。对于浏览但未下单的客户，可以通过自动化邮件发送一系列中国资本市场动态分析和成功上市案例研究，持续提供价值并保持他们对你服务的兴趣。

3. 产品发布漏斗

产品发布漏斗是一种专门设计用于新产品或服务推出时创造期待感和紧迫感的营销策略。这种漏斗的典型流程包括价值交换页、产品发布页、评价页和下单页，最终将客户引导至自动电邮跟进系统和其他阶段漏斗。

这种漏斗策略特别适合在以下情况使用：当你准备推出一个全新的产品或服务时；当你希望为现有产品创造新的市场热度时；当你想要快速验证市场对新产品的接受度时；或者当你需要在短时间内获得大量预订或销售时。

它能够迅速提高新产品的市场认知度；创造产品发布前的期待感；有效教育潜在客户并展示产品价值；增加首次购买的转化率；为后续的营销活动积累有价值的客户反馈数据。使用这种漏斗策略，你可以预期看到更高的产品发布成功率、更强的品牌影响力以及更积极的初期销售业绩。

为了更好地运用产品发布漏斗，需要注意以下几点：精心策划每个阶段的内容，确保逐步揭示产品的核心价值和独特卖点；创造引人入胜的视频或内容系列，保持潜在客户的持续关注；利用社交媒体和影响者营销扩大影响范围；设置合理的时间间隔，既要保持紧迫感，又不要让潜在客户失去兴趣；提供高价值的免费内容或样品，增加潜在客户的参与度；在发布日设置限时优惠或限量版本，刺激快速决策；准备充分的客户支持资源，应对发布期间可能出现的大量询问。

实例一：中国游戏 APP 发布

假设你正准备发布一款创新的中国风手机游戏 APP。你可以设计一个产品发布漏斗，从价值交换页开始，提供游戏背景故事的漫画或短视频，吸引玩家注册获取更多内容。产品发布页可以逐步揭示游戏的核心玩法、独特美术风格和社交功能。评价页展示 beta 测试玩家的反馈和游戏画面。下单页提供预注册特权，如独特游戏角色或首充优惠。通过这个漏斗，你不仅可以在正式上线前积累大量潜在玩家，还能通过持续的内容推送培养玩家对游戏的期待和理解。对于预注册但未在首日下载的用户，可以通过自动化邮件系统发送游戏攻略和社区活动信息，保持他们的兴趣。

实例二：中国 SAAS 软件发布

对于准备推出一款面向中小企业的创新 SAAS 管理软件，产品发布漏斗可以这样设计：价值交换页提供一份详细的《中国中小企业数字化转型白皮书》，吸引目标客户注册。产品发布页通过一系列短视频，逐步展示软件如何解决企业在财务管理、客户关系、项目协作等方面的痛点。评价页展示早期采用者的使用体验和具体收益数据。下单页提供限时的"创始用户优惠套餐"，包括更长的免费试用期和一对一的实施指导。通过这个漏斗，你不仅可以教育市场认识到数字化转型的重要性，还能通过逐步揭示产品功能，建立对你的 SAAS 解决方案的信心。对于注册但未购买的潜在客户，可以通过自动化邮件发送一系列案例研究和使用技巧，持续展示产品价值，促进最终转化。

4. 商品橱窗漏斗

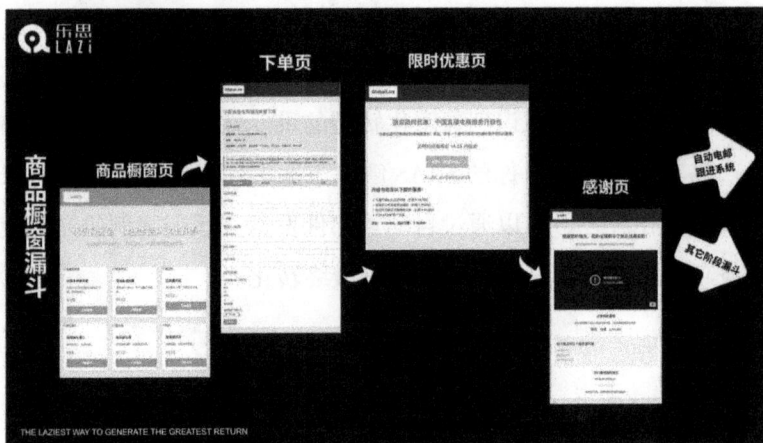

　　商品橱窗漏斗是一种专门设计用于展示和销售多种相关产品或服务的营销策略。这种漏斗的典型流程包括商品橱窗页、下单页、感谢页，以及可选的限时优惠页，最终将客户引导至自动电邮跟进系统和其他阶段漏斗。

　　这种漏斗策略特别适合在以下情况使用：当你有多个相关产品或服务需要同时展示时；当你希望为客户提供多种选择以满足不同需求时；当你想要增加客户的平均订单价值时；或者当你需要展示产品系列的全面性和专业性时。

　　它能够迅速提高整体转化率；创造更丰富的购物体验；增加交叉销售和追加销售的机会；提供更全面的产品展示平台。使用这种漏斗策略，你可以预期看到更高的客单价、更多的产品组合销售以及更强的品牌认知度。

　　为了更好地运用商品橱窗漏斗，需要注意以下几点：优化产品分类和展示顺序，使客户能够轻松找到所需产品；提供清晰的产品对比信息，帮助客户做出选择；设计吸引人的视觉效果和产品描述，突出每个产品的独特卖点；实施个性化推荐系统，根据客户浏览行为推荐相关产品；优化移动端体验，确保在各种设备上都能流畅浏览；提供详细的产品信息和高质量的图片或视频，增强客户信心；设置合理的优惠组合或捆绑销售策略，刺激多产品购买。

实例一：数码电子产品店

假设你经营一家在线数码电子产品店。你可以设计一个商品橱窗漏斗，主页展示各类产品如智能手机、笔记本电脑、平板电脑和配件等。每个产品类别都有专门的展示区域，突出热销品和新品。下单页面可以智能推荐相关配件或升级服务。限时优惠页可以提供"套装优惠"或"限时闪购"等促销活动。感谢页面上可以推荐延保服务或会员计划。通过这个漏斗，你不仅可以全面展示你的产品线，还能通过智能推荐和捆绑销售增加客单价。对于未完成购买的客户，可以通过自动化邮件系统发送个性化的产品推荐和优惠信息，促进二次购买。

实例二：健康保健品店

对于经营健康保健品的在线商店，商品橱窗漏斗可以这样设计：主页按不同健康需求（如增强免疫力、改善睡眠、提高精力等）分类展示产品。每个类别下展示多种相关产品，并提供详细的功效对比。下单页面可以推荐搭配使用的其他产品或长期订阅计划。限时优惠页可以提供"首次购买礼包"或"季度保健套装"等优惠。感谢页面上可以推荐健康咨询服务或个性化营养方案。通过这个商品橱窗漏斗，你不仅可以满足客户的多样化健康需求，还能通过专业的产品组合建议增加客户信任度和购买量。对于浏览但未购买的客户，可以通过自动化邮件发送健康小贴士和相关产品信息，保持他们对你产品的持续兴趣，并鼓励未来的购买。

5.3.5 漏斗种类五：高级客户转化阶段

1. 申请漏斗

申请漏斗是一种专门设计用于筛选高质量客户并提升服务价值感知的营销策略。这种漏斗的典型流程包括价值交换页、申请页、评价页和感谢页，最终将客户引导至自动电邮跟进系统和其他阶段漏斗。在申请页，潜在客户需详细描述其需求和面临的问题，并申请进行至少 45 分钟的线上会议或电话咨询。

这种漏斗策略特别适合在以下情况使用：提供高端专业服务时；需要深入了解客户需求时；希望建立长期合作关系时；或者当服务具有高度定制化特性时。

它能够迅速提高服务的感知价值；创造稀缺感和专业形象；吸引更认真和匹配度高的客户；为深入交流和销售高端服务创造机会。使用这种漏斗策略，你可以预期看到更高质量的客户群体、更高的成交率、更好的客户满意度，以及更强的品牌权威性。

为了更好地运用申请漏斗，需要注意以下几点：在价值交换页提供高质量的行业洞察或解决方案预览；设计清晰且有针对性的申请表单；准备充分的评估标准和反馈模板；培训团队进行高效的咨询会议；建立完善的跟进机制；持续优化整个流程以提高转化率；注重保护客户隐私和数据安全。

实例一：中国会计行业

某专注于帮助外国企业进入中国市场的会计服务公司采用申请漏斗策略。他们的价值交换页提供一份详细的"中国税务体系概览"报告。潜在客户通过申请页提交其公司背景、财务状况和在华业务计划。公司评估团队根据申请信息进行初步分析，并安排45分钟的线上咨询会议。在会议中，资深会计师深入了解客户需求，提供定制化的税务规划建议，并介绍公司的高端服务方案。这种方法不仅帮助公司筛选出真正有意向的客户，还通过专业咨询展示了公司的专业能力，大大提高了高端服务的成交率。

实例二：中国法律行业

一家专门为外国公司提供中国知识产权保护服务的律师事务所利用申请漏斗吸引客户。他们的价值交换页提供最新的"中国知识产权法律动态"报告。申请页要求潜在客户详细描述其知识产权需求和面临的挑战。评估后，事务所安排一小时的在线会议，由资深律师与客户深入讨论其具体情况，提供初步的法律建议，并介绍事务所的专业服务。这种方法不仅帮助事务所精准定位目标客户，还通过一对一咨询展示了其专业水平和个性化服务能力，有效提升了高端法律服务的转化率。

通过这种申请漏斗，中国的专业服务提供商能够更有效地吸引和筛选外国客户，建立信任关系，并最终达成高价值的合作。

这种策略不仅提高了服务的感知价值，还为跨国业务合作创造了
良好的开端。

5.3.6 漏斗种类六：客户关系管理阶段

1. 挽留客户漏斗

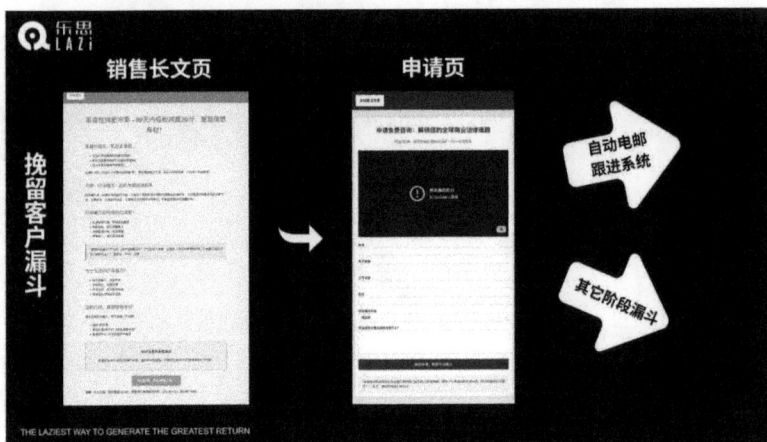

挽留客户漏斗是一种专门设计用于减少客户流失和提高客户保留率的营销策略。这种漏斗的典型流程包括销售长文页和申请页，最终将客户引导至与公司销售人员进行电话会议。

这种漏斗策略特别适合在以下情况使用：客户表示想要退款、取消服务或退回产品时；当你发现客户参与度下降或使用频率减少时；在订阅制服务的续约期临近时；或者当你推出新功能或服务升级，希望留住现有客户时。

它能够迅速提高客户保留率；创造与客户沟通的机会；深入了解客户的需求和痛点；提供个性化的解决方案。使用这种漏斗策略，你可以预期看到客户流失率的显著下降、客户满意度的提升、收入的稳定增长，以及更强的品牌忠诚度。

为了更好地运用挽留客户漏斗，需要注意以下几点：设计简洁明了的问卷调查，准确捕捉客户的不满和需求；准备多样化的挽留策略，如提供折扣、增值服务或个性化解决方案；培训客服团队以同理心和专业知识处理客户反馈；建立数据分析系统，持续优化挽留策略；在整个过程中保持透明和诚实，不过分施压；设置自动化跟进机制，确保每个客户都得到及时的关注；定期回访成功挽留的客户，巩固关系。

实例一：在线教育平台

某在线语言学习平台发现有学员想要取消订阅。他们立即启动挽留客户漏斗，首先通过一个简短的问卷了解学员想要退出的原因，比如课程难度、学习时间不足或缺乏互动。基于这些反馈，平台在申请页提供个性化的解决方案，如调整课程难度、提供灵活的学习计划或增加一对一辅导机会。同时，他们还展示了其他学员的成功案例和即将推出的新功能。这种方法不仅成功挽留了大部分想要退出的学员，还帮助平台收集了宝贵的用户反馈，用于进一步改进服务。

实例二：健身房会员服务

一家连锁健身房注意到会员续约率下降。他们实施了挽留客户漏斗策略，当会员表示不想续约时，首先通过一个互动式问卷了解原因，如时间安排困难、缺乏动力或对设施不满意。根据反馈，健身房在申请页提供定制化的解决方案，例如灵活的会员套餐、个人教练指导课程或设备使用培训。他们还展示了会员健身成果的数据分析和即将举行的特色课程。通过这种个性化的挽留策略，健身房不仅提高了会员续约率，还增强了会员的参与度和满意度。

2. 联盟营销漏斗

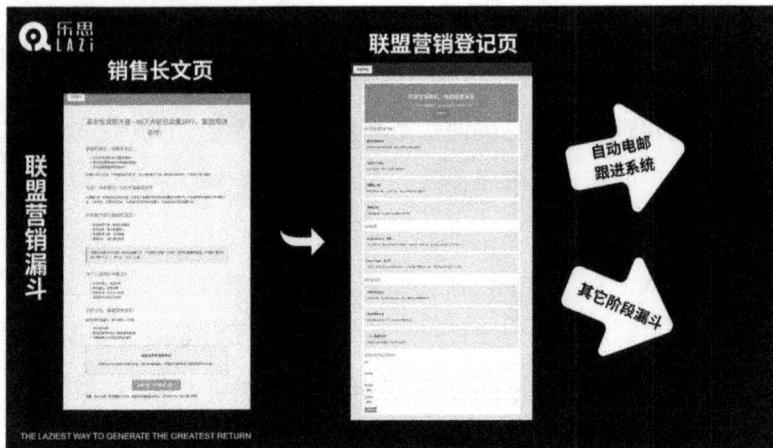

实施联盟营销漏斗，中国企业能够有效地利用西方合作伙伴的本地影响力和销售网络，快速打开国际市场。这种模式不仅降低了企业的营销成本，还为西方合作伙伴提供了独特的产品资源和盈利机会，可以形成双赢的局面。

联盟营销漏斗是一种专门设计用于扩大销售网络和提高品牌曝光率的营销策略。这种漏斗的典型流程包括销售长文页和联盟营销登记页。

这种漏斗策略特别适合在以下情况使用：当企业希望快速扩大市场覆盖范围；当产品或服务具有独特性或高利润率；当企业希望降低营销成本，采用按效果付费的模式；或者当企业进入新的地理市场，需要本地合作伙伴的支持。

它能够迅速提高品牌知名度；创造多元化的销售渠道；降低营销成本；快速进入新市场。使用这种漏斗策略，你可以预期看到销售额的显著增长、品牌曝光率的提升、市场份额的扩大，以及更加多样化的客户群体。

为了更好地运用联盟营销漏斗，需要注意以下几点：提供具有吸引力的佣金结构；开发易于使用的推广工具和资源；提供全面的产品培训；建立透明的追踪和报告系统；定期与合作伙伴沟通，提供支持和激励；确保产品质量和客户服务，以维护品牌声誉；适时调整策略，以适应市场变化和合作伙伴需求。

实例一：中国手工艺品企业

一家专门生产传统中国丝绸产品的企业利用乐思平台建立了联盟营销漏斗。他们的销售长文页详细介绍了产品的独特性、文化价值和高质量工艺，吸引了大量对中国文化感兴趣的西方博主和小型电商店主。在联盟营销登记页，他们提供了丰厚的佣金结构和详细的产品信息包，包括高质量的产品图片和背景故事。通过这种方式，该企业成功地在欧美市场建立了一个庞大的推广网络，大大提高了品牌知名度和销售额，同时也为西方合作伙伴创造了可观的收入来源。

实例二：中国科技配件制造商

一家专门生产智能手机配件的中国制造商通过乐思平台实施了联盟营销漏斗策略。他们的销售长文页强调了产品的创新设计、优质材料和与各种热门智能手机的兼容性。在联盟营销登记页，他们提供了详细的产品规格、使用视频和客户评价，同时设置了有竞争力的佣金率和销量奖励计划。这种策略吸引了大量科技博主和电子产品评测网站加入他们的联盟计划。结果，该公司不仅在北美和欧洲市场迅速建立了品牌知名度，还通过这些影响力人士获得了大量真实的产品反馈，帮助他们不断改进产品设计和功能。

后语

在这本书中，我基本上已经把海外线上推广和销售的概念重点及方法都揭露了。据我所调查，相信你已经感受到了我对推广、销售的热情。这份热情源于一个简单的事实：这些方法改变了我的生活，改变了我的人生，把租住在香港 10 平方房子中的我拯救了出来。

我们都明白，要活我们梦想中的生活，是要由亲手创造事业来支撑的。然而，许多人创业的初衷，无论是为了财富自由，还是为了能够供孩子上大学，还清房贷——往往会变成遥不可及的梦想。

这是真实的数据：世界上 96% 的企业在 10 年内倒闭，其中 80% 在头两年内就失败了。即便是那 4% 存活下来的企业，也不一定是成功或盈利的；这只是代表它们勉强能够生存下来。

如果这还不够令人震惊……

95% 的公司永远无法达到每年 100 万美元的销售额。

在这少数企业中，95% 永远无法达到 500 万美元。

而在这些企业中，98% 无法达到 1000 万美元。能够超过 1 亿美元的企业更是凤毛麟角。

为什么如此少的企业能够成长并盈利？我来告诉你：

这是因为大部分老板都陷入了"自雇者"的角色，而没有成为真正的"企业家"。他们本质上只是为自己创造了一份工作，然后被困在企业的日常运营中，而不是让企业为他们工作。

本书中介绍的所有方法都旨在帮助你实现这个转变：从自雇者到企业家。

自雇者往往深陷于日常琐事中，被困在永无止境的工作循环里，不得不处理那些"必须完成"的日常任务。

而企业家则是一个专注于销售和营销的商业领袖。他们善于利用资源，懂得委派那些不直接推动利润增长的任务给他人处理。

自雇者常常误以为只要有优质的产品或服务就足以成功。

企业家则深知，必须深入了解市场的痛点、恐惧、希望、梦想和需求。

企业家不仅致力于为市场提供最大价值，还深刻理解，即使是最出色的产品和服务，如果无法有效地向市场传达价值，也必然是毫无用处。

建立一个极其成功的企业不仅能带来财富，还能让你在生活的各个方面变得更加强大。

创业是最高级别的心智修炼。它充满挑战，需要极高的专注力、耐力和智慧才能取得成功。

在你的创业之路上，你将面临巨大的压力。压力是无法避免的。那些学会在压力下茁壮成长的人，往往能成为卓越的表现者。他们在顺境中快速进步，在逆境中依然能坚定前行。

对于追求卓越的人来说，失败从来不是选项。压力反而能激发他们的决心，让他们更加专注。

如果你已经读到这里，你可能也有潜力在压力下出类拔萃。

如果你真心渴望商业成功，那么现在就是下定决心并采取行动的时候了。你必须从自雇者转变为企业家——让你的企业为你工作，而不是相反。

一旦你完成这个根本性的转变，你的事业和人生将会焕然一新。成为一个优秀的企业家和营销者，是你能获得的最宝贵的技能。它意味着你永远不用为生计发愁，你随时都有能力创建和发展企业，实现你理想的生活方式。

我的企业发展策略核心是将广告转化为利润。我将营销和广告视为投资资产，而不是支出。我之所以如此重视这项技能，是因为我知道这是一个恒久不变的法则。无论时代如何变迁，总会有平台想通过销售广告来赚钱。几百年来一直如此。如果我能够熟练运用这些广告平台，将关注度转化为收入，我的企业就能永远立于不败之地。

在这本书中，你学到了许多强大而宝贵的知识，如果付诸实践，它们将永远改变你的事业和人生。然而，如果你不采取行动，这本书中的所有信息和策略都将毫无意义。

如果说全书中有什么是我最想强调的，那就是立即行动。我希望你现在就坐下来，列出你未来30天、3个月、6个月和12个月的行动计划。如果你不这样做，其他事情就会分散你的注意力，你可能又会去寻找下一个策略、技巧或商业捷径。当然，你也可以找我的第一本著作《赢的关键》看一看，学习如何制定有效的目标及行动设计。

我强烈建议你专注于实践这本书中的内容——如果你这样做，我可以向你保证，你一定会收获丰厚的回报。

最后的最后——

我非常希望听到你成功地将我的策略应用到你的事业。请告诉我你的突破和成果。没有什么比听到学员成功的故事更让我满足的了。当我收到你的故事时，我会回赠你一份礼物。

乐思海外营销专家咨询

小红书号：2235718339

小红书

扫描二维码
在小红书找到我

www.ingramcontent.com/pod-product-compliance
Lightning Source LLC
Chambersburg PA
CBHW071542210326
41597CB00019B/3095